Dieses Buch widme ich
meiner Familie
Wade, Logan und Carter –
ohne euch wäre dies nicht möglich gewesen.
Gemeinsam schaffen wir alles!

An meine Rainbow-Loom-Familie
Choon, Fen, Teresa und Michelle
für die Inspiration.

An meine Learning-Express-Familie
und Sharon DiMinico
für die Förderung des Unternehmergeists!

Schwierigkeitsgrad: Anfänger

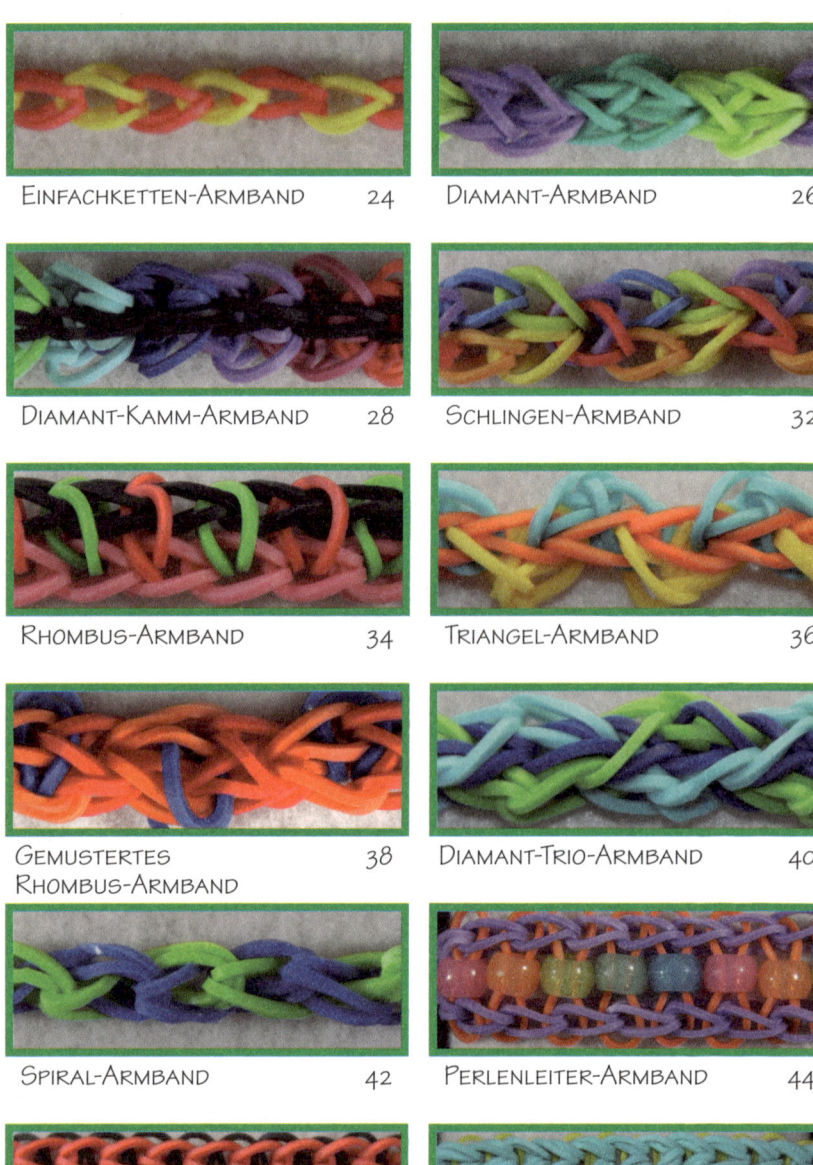

Einfachketten-Armband	24	Diamant-Armband	26
Diamant-Kamm-Armband	28	Schlingen-Armband	32
Rhombus-Armband	34	Triangel-Armband	36
Gemustertes Rhombus-Armband	38	Diamant-Trio-Armband	40
Spiral-Armband	42	Perlenleiter-Armband	44
Dreifachketten-Armband	46	Rucksackanhänger aus drei Einfachketten	50

Schwierigkeitsgrad: Fortgeschrittene

TAFFY-TWIST-ARMBAND 56

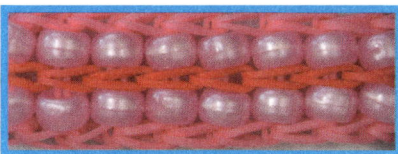

DOPPELTES PERLENLEITER- 60
ARMBAND

REGENBOGENLEITER-ARMBAND 64

REISSVERSCHLUSSKETTEN- 69
ARMBAND

URLAUBS-ARMBAND 72

LIBERTY-TWIST-ARMBAND 75

TEAMGEIST-ARMBAND 78

ZWEIFACH-VORWÄRTS- 82
RHOMBUS-ARMBAND

ZWEIFACH-RÜCKWÄRTS- 84
RHOMBUS- ARMBAND

TULPEN-ARMBAND 86

RING MIT VERKREUZTEM 88
SECHSECK

SCHMETTERLINGS-BLÜTENRING 90

Schwierigkeitsgrad: Fortgeschrittene

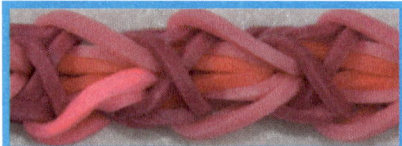
Sweetheart-Armband 92

Herz-Armband 94

Serpentinen-Armband 96

Schmetterlings- 98
Blütenarmband

Diamant-Armband mit Ringen 102

Dreifach-Armband 106
mit Ringen

Regentropfen-Armband 112

Rechteck-Armband 114

Rosengarten-Armband 116

Upsy Daisy Twistzy Wistzy 120

Schwierigkeitsgrad: Profis

Zick-Zack-Armband   126

Seestern-Armband   128

Twistzy-Wistzy-Armband   130

Marienkäfer-Armband   134

Honigbienen-Armband   136

Sternenexplosions-   140
Armband

Flower-Power-Armband   146

Regenbogenblüten-   152
Armband

Regenbogenblüten-   158
Anhänger

Nelken-Armband   160

Schwierigkeitsgrad: Profis

Paradiesvogel-Armband 164

Deltaflügel-Armband 168

Totempfahl-Armband 170

Fens fantastisches Armband 173

Feder-Armband 176

Konfetti-Kreuz-Armband 180

Hibiskus-Armband 188

Was ihr wissen solltet

Die Geschichte des Rainbow Loom 9
Einführung zum Rainbow Loom. 10
Verwendung der Rainbow-Loom-Anleitungen 11
    Verwendung der QR-Codes 11
    Auswahl und Abzählen eurer Gummibänder. 12
    Einspannen der Gummibänder auf dem Loom. 14
    Herstellung von Endgummibändern. 16
    Verknüpfen der Gummibänder 17
    Tipps und Tricks 19
    Fertigstellung eures Armbands 20

Designs für Anfänger

Einfachketten-Armband 24
Diamant-Armband. 26
Diamant-Kamm-Armband 28
Schlingen-Armband 32
Rhombus-Armband. 34
Triangel-Armband 36
Gemustertes Rhombus-Armband. 38
Diamant-Trio-Armband 40
Spiral-Armband 42
Perlenleiter-Armband. 44
Dreifachketten-Armband 46
Rucksackanhänger aus drei Einfachketten 50

Designs für Fortgeschrittene

Taffy-Twist-Armband 56
Doppeltes Perlenleiter-Armband 60
Regenbogenleiter-Armband 64
Reißverschlussketten-Armband. 69
Urlaubs-Armband 72
Liberty-Twist-Armband. 75
Teamgeist-Armband. 78
Zweifach-Vorwärts-Rhombus-Armband. 82
Zweifach-Rückwärts-Rhombus-Armband 84
Tulpen-Armband 86

Ring mit verkreuztem Sechseck 88
Schmetterlings-Blütenring 90
Sweetheart-Armband 92
Herz-Armband 94
Serpentinen-Armband 96
Schmetterlings-Blütenarmband 98
Diamant-Armband mit Ringen 102
Dreifach-Armband mit Ringen 106
Regentropfen-Armband 112
Rechteck-Armband 114
Rosengarten-Armband 116
Upsy Daisy Twistzy Wistzy 120

Designs für Profis

Zick-Zack-Armband 126
Seestern-Armband 128
Twistzy-Wistzy-Armband 130
Marienkäfer-Armband 134
Honigbienen-Armband 136
Sternenexplosions-Armband 140
Flower-Power-Armband 146
Regenbogenblüten-Armband 152
Regenbogenblüten-Anhänger 158
Nelken-Armband 160
Paradiesvogel-Armband 164
Deltaflügel-Armband 168
Totempfahl-Armband 170
Fens fantastisches Armband 173
Feder-Armband 176
Konfetti-Kreuz-Armband 180
Hibiskus-Armband 188

Anhang

Loom-Konfigurationen 192
Leere Designvorlagen 196
Danksagung 200

Den **Band-Organizer** findet Ihr im hinteren Umschlag.

Die Geschichte des Rainbow Loom

Im Spätsommer des Jahres 2010 hatte Cheong-Choon Ng die Idee zur Herstellung des ersten Prototypen eines kleinen Webrahmens, namens Loom. Kreative Köpfe sollten die Möglichkeit erhalten, aus farbigen Gummibändern eine Kette mit einem komplizierten Muster zu machen. Drei Jahre und 28 Änderungen später ist die Idee nun als Rainbow Loom bekannt und eines der Bastelprodukte mit dem schnellsten Verkaufszuwachs weltweit.

Die Idee kam Choon eigentlich, als er seine Töchter Teresa (damals 12) und Michelle (damals 9) beobachtete, wie diese bei sich zu Hause in Michigan aus Zopfgummis Armbänder machten. Das weckte in Choon Kindheitserinnerungen, denn in Malaysia wurden Gummibänder zu Sprungseilen verarbeitet. Er gesellte sich zu seinen Töchtern und wollte ihnen zeigen, wie man das macht. Allerdings fand er schnell heraus, dass seine Finger mittlerweile zu groß geworden waren. Daher stellte er aus Holz und Stecknadeln eine Schablone her.

Seine Frau Fen Chan war von seiner Erfindung nicht sofort beeindruckt. Es brauchte eine Zeit lang, bis Choo seine Familie überzeugen konnte, dass er an etwas Großem dran war. Sie fragten ihn: „Warum verwendest du ein Stück Holz, wenn es mit deinen Fingern genauso gut geht?" Der Grund wurde ihnen schnell klar, als er ihnen zeigte, welch komplizierte Muster er durch das Verknüpfen der Gummibänder machen konnte. Es war seine Tochter Teresa, die sagte: „Papa, Kinder werden das kaufen."

2011 reichte Choon einen Patentantrag für das „Brunnische Verknüpfungswerkzeug" ein, zu Ehren von Hermann Brunn, dem Mathematiker aus dem 19. Jahrhundert, der für seine Konvexgeometrie bekannt wurde. Das erste Loom-Model mit dem Namen Twistz Bandz stammt aus dem Jahr 2011. Bald darauf versuchte Choon, seinen Webrahmen in verschiedenen Geschäften zu verkaufen. Obwohl er immer wieder auf Ablehnung stieß, ließ er sich nicht aufhalten und blieb hartnäckig. Er fand heraus, dass die Leute nicht wussten, was der Webrahmen wirklich ermöglichen konnte. Um dieses Problem zu lösen und das Produkt anderen vorzustellen, stellten Choon und seine Familie Videos auf YouTube.

Im Jahr 2012 änderte Choon den Namen seines Produkts in Rainbow Loom und wählte eine neue Verpackung. Grund für die Namensänderung war ein Konflikt mit dem Namen Twistz Bandz. Der neue Namensvorschlag stammte von seiner Nichte Angelynn, denn: „Kinder lieben den Regenbogen."

Im Juli 2013 erhielt das Produkt die Patentnummer 8.485.565. „Wir entwickelten den Rainbow Loom in ehrlicher harter Arbeit, mit hohem Risiko und unermüdlicher Motivation", meint Choon heute. „Wir bieten damit unseren Kunden nicht nur ein Produkt, sondern ein Erlebnis." Und auch heute kommen immer noch ständig neue Muster und Verwendungszwecke für den Loom hinzu.

Das ist das Geniale am Rainbow Loom. Er fördert Kreaktivität, Vorstellungskraft, Problemlösungsmethoden, Geduld und soziale Interaktion. Zudem verbessert er die feinmotorischen Fähigkeiten, die Hand-Augen-Koordination, das räumliche Vorstellungsvermögen und das Erkennen von Mustern. Kann ein Produkt so viel Spaß machen und gleichzeitig noch lehrreich sein? Entdecken wir gemeinsam die Möglichkeiten!

Einführung zum Rainbow Loom

Die Muster in der vorliegenden Anleitung für den Rainbow Loom wurden unter Verwendung des Rainbow-Loom-Starter-Sets entwickelt und getestet, der von Choon's Design, LLC hergestellt wird.

Das Rainbow-Loom-Starter-Set enthält 6 Teile: den Rainbow Loom, den Haken, den Mini-Loom, eine Tüte latexfreier Gummibänder, eine Tüte C-Clips und eine Anleitung.

Rainbow Loom

Der Rainbow Loom besteht aus drei durchsichtigen Plastikteilen mit jeweils 13 Stiften. Zudem gibt es drei abnehmbare türkisfarbene Basisplatten. Der Rainbow Loom wird in der beliebten „versetzten" Konfiguration ausgeliefert. Der Loom kann jedoch zu einer „rechteckigen" Konfiguration umgebaut werden, mit dem noch mehr Designs hergestellt werden können. Siehe „Loom-Konfigurationen" auf Seite 192 für weitere Informationen.

Haken für den Rainbow Loom

Der Haken ist ein speziell für den Loom gefertigtes Werkzeug, wobei jedes Ende eine andere Funktion besitzt. Mit dem Hakenende werden die Gummibänder, die im Loom eingespannt wurden, verknüpft/gezogen. Mit dem anderen Ende kann die Basisplatte auf der Rückseite abgehoben werden. Um die Konfiguration des Looms zu verändern, müsst ihr mit diesem Werkzeug die türkisfarbenen Basisplatten vom Loom abheben. Danach müsst ihr die Stifte wieder auf den Basisplatten anbringen und festdrücken.

Mini-Rainbow Loom

Der türkisfarbene Mini-Loom dient auch als Schutzabdeckung für euren Haken. Wenn ihr den Mini-Loom auf dem Hakenende aufsetzt, ist euer Haken gut geschützt, insbesondere dann, wenn ihr unterwegs seid.

Gummibänder

Das Set enthält eine Tüte mit 600 synthetischen Gummibändern in verschiedenen Farben. Diese Bänder sind latexfrei. Die Original-Nachfüllpackungen für den Rainbow Loom gibt es mit synthetischen Gummibändern oder Silikonbändern.

C-Clips

Die C-Clips (Endstücke) gibt es nur für den Rainbow Loom. Jede Nachfüllpackung mit Rainbow-Loom-Gummibändern enthält auch eine Tüte C-Clips. C-Clips können auch separat gekauft werden.

Verwendung der Rainbow-Loom-Anleitungen

Verwendung der QR-Codes

Okay, ich weiß, ihr möchtet den ersten Code schon jetzt unbedingt ausprobieren. Daher ist hier der erste! Es gibt zwei Möglichkeiten zur Verwendung dieser QR-Codes. Erstens: Wenn ihr ein Smartphone oder Tablet habt, könnt ihr diese Codes mithilfe einer App lesen. Wenn ihr auf eurem Gerät noch keine App installiert habt, müsst ihr den App Store (bei Apple-Geräten) oder den Play Store (bei Android-Geräten) aufrufen. Wenn ihr dort nach dem Begriff „QR Code" sucht, werdet ihr viele Suchergebnisse erhalten.

Wenn ihr die App heruntergeladen habt und ausführt, braucht ihr nur noch den QR-Code einzuscannen und den Anweisungen eurer App zu folgen. Ihr werdet dann zu YouTube weitergeleitet, wo ihr euch ein Video ansehen könnt.

Falls ihr kein Smartphone oder Tablet habt, könnt ihr euch diese Videos auch auf einem Computer ansehen. Gebt in euren Browser einfach „www.loomaticsguide.com/" ein, gefolgt von den Zahlen, die unter dem QR-Code stehen. Bei diesem Beispiel würdet ihr www.loomaticsguide.com/1-2 eingeben, denn unter dem QR Code oben steht „1-2" (passt auf, wo der Pfeil hinzeigt). Nicht alle Smartphones oder Tablets können aufgrund der Kameraqualität QR-Codes auslesen. In solch einem Fall müsst ihr die Adresse ebenfalls in den Browser eures Tablets oder Smartphones eingeben.

Im vorliegenden Buch werdet ihr immer wieder auf QR-Codes stoßen. Am Anfang eines jeden Designs ist ein QR-Code abgedruckt, der euch zu einem Video weiterleitet. Dieses zeigt euch von Anfang bis zum Ende, wie ihr das gewünschte Armband oder Design herstellen könnt. Wenn ihr einen QR-Code mitten in der Anleitung findet, werdet ihr zu einem kurzen Videoclip weitergeleitet. Dieser zeigt euch, wie ihr diesen ganz bestimmten Teil der Anleitung ausführen sollt.

Der obige QR-Code „1-2" bezieht sich auf diesen Buchabschnitt.

Verwendung der Designanleitungen

Normalerweise wird ein Armband in 4 Schritten hergestellt:

1) Auswahl und Abzählen eurer Gummibänder.
2) Einspannen der Gummibänder auf dem Loom.
3) Verknüpfen der Gummibänder.
4) Fertigstellung des Armbands.

Auswahl und Abzählen eurer Gummibänder

Wenn ihr ein Armband findet, das ihr machen möchtet, müsst ihr zuerst den hinteren Umschlag des Buches aufklappen, damit ihr die Seite mit den großen Buchstaben „A" bis „F" darauf sehen könnt. Das nennen wir den „Band-Organizer". Dorthin legt ihr die Gummibänder, mit denen ihr euer Armband herstellen wollt. Eine Abbildung vom Band-Organizer findet ihr auf der nächsten Seite.

Die Farbcode-Quadrate & Auswahl eurer Farben

- Die Farbcode-Quadrate seht ihr oben auf der ersten Seite des jeweiligen Designs.

- Jedem Farbcode-Quadrat sind ein Buchstabe und eine Zahl zugeordnet.

    Beispiel: A & 8

- Legt in jedes Quadrat ein Gummiband in eurer Wunschfarbe.

    Beispiel: A = Rot

- Die Zahl in den Quadraten zeigt euch, wie viele Gummibänder ihr insgesamt von der jeweiligen Farbe braucht.

    Beispiel: Ihr benötigt 8 rote Gummibänder für „A".

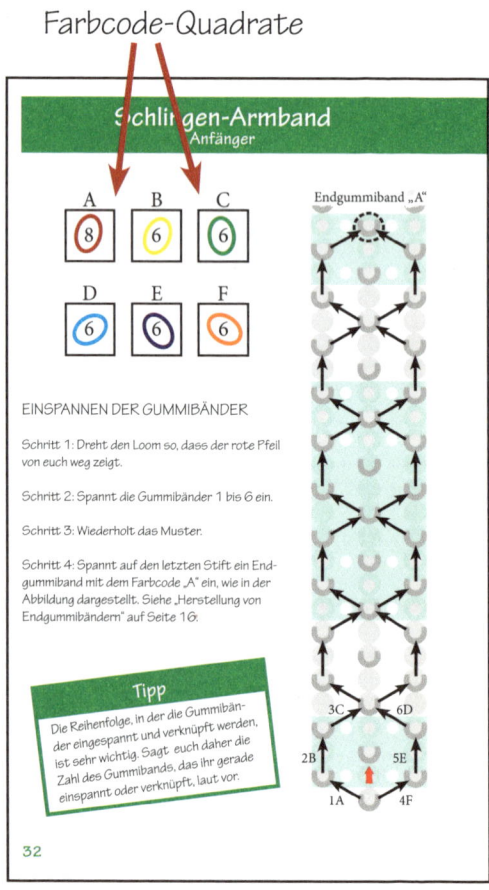

Der Band-Organizer & Abzählen eurer Gummibänder

- Legt euch genügend Gummibänder in den einzelnen Farben zurecht.

    Beispiel: Ihr benötigt 8 rote Gummibänder für „A", 6 orange für „B" usw.

- Zählt eure Gummibänder ab und legt sie auf den Band-Organizer.

    Beispiel: Zählt 8 rote Bänder ab und legt sie im Band-Organizer in den Abschnitt „A".

- Wenn ihr einmal beim Herstellen eines Designs umblättern müsst, verwendet die Farbcode-Quadrate unten im Band-Organizer. So wisst ihr, welches Gummiband ihr in welcher Farbe verknüpfen müsst.

- Nach Abzählen eurer Gummibänder könnt ihr damit anfangen, sie auf dem Loom einzuspannen.

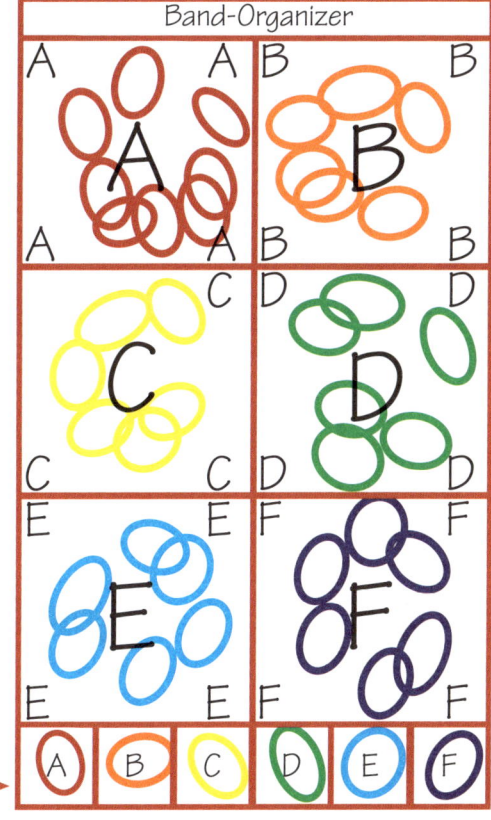

Farbcode-Quadrate →

Einspannen der Gummibänder auf dem Loom

1-4

Die Verwendung des Rainbow Loom funktioniert so ähnlich wie Häkeln. Schon alleine wegen des Hakens, der für beide Tätigkeiten verwendet wird. Weniger offensichtlich ist jedoch, dass bei beiden Methoden Materialien durch Verknüpfen miteinander verbunden werden.

Beim Einspannen der Gummibänder auf dem Loom ist es notwendig, dass ihr die Anweisungen genauestens befolgt. Die Gummibänder müssen in genau der Reihenfolge eingespannt werden, wie es in den Abbildungen zu sehen ist. Nur so sind die Gummibänder letztendlich richtig miteinander verbunden. Nehmt euch bitte die Zeit und lest wirklich jeden Anleitungsschritt. So erspart ihr euch die Frustration, dass ihr ein Armband vom Loom abnehmt und es auseinanderfällt.

Im folgenden Beispiel seht ihr die Anleitung für das Schlingen-Armband. Es wird auch erklärt, was die einzelnen Schritte bedeuten.

EINSPANNEN DER GUMMIBÄNDER

Um ein Gummiband einzuspannen, müsst ihr es zwischen euren Daumen und Zeigefinger nehmen und von einem Stift zum nächsten ziehen.

Spannt eure Gummibänder vorsichtig ein. Beim Einspannen auf den Stift dürfen sich die Gummibänder nicht überlappen. Es ist sehr wichtig, die Gummibänder in der richtigen Reihenfolge einzuspannen.

Schiebt jedes Gummiband, das ihr einspannt, am Stift nach unten, damit ihr mehr Platz habt für die weiteren Gummibänder, die ihr darüber einspannt.

14

Schritt 1: Dreht den Loom so, dass der rote Pfeil von euch weg zeigt.

- Wenn der rote Pfeil von euch weg zeigt, zeigen die runden Seiten der Stifte zu euch. Die Gummibänder werden von den runden Seiten der Stifte weggepannt.

Schritt 2: Spannt die Gummibänder 1 bis 6 ein.

- Jedes einzelne Gummiband wird in der Abbildung als Pfeil dargestellt. Jeder Pfeil hat eine Zahl und einen Buchstaben. Die Zahl zeigt euch an, in welcher Reihenfolge die Gummibänder eingespannt werden sollen. Der Buchstabe sagt euch, welche Gummibandfarbe ihr verwenden sollt.

    Beispiel: Seht euch den Pfeil mit der Markierung 1A an. Die Zahl 1 bedeutet, dass dies das erste Gummiband ist, das ihr einspannt, und der Buchstabe „A" zeigt euch an, welche Gummibandfarbe ihr verwenden sollt. Die Farbcode-Quadrate helfen euch bei der Bestimmung der Farbe.

- Die Position der Pfeile zeigt euch, wo ihr das Gummiband einspannen sollt. Die Reihenfolge, in der die Gummibänder auf dem Loom eingespannt werden, ist sehr wichtig. Damit ihr die Reihenfolge nicht vertauscht, könnt ihr beim Einspannen der Gummibänder auf dem Loom die Zahl der einzelnen Gummibänder laut aussprechen.

    Beispiel: Gummiband 1A wird zwischen dem ersten mittleren Stift und dem ersten Stift auf der linken Seite des Looms eingespannt.

Schritt 3: Wiederholt das Muster.

- Das bedeutet, dass ihr von der Stelle aus, wo das letzte Muster geendet hat, das gleiche Muster wiederholt.

- Damit wir euch nicht ganz verwirren, wird das gleiche Muster auf dem Loom nicht noch einmal angezeigt. Seht euch einfach das Original-Muster an und wiederholt es.

Schritt 4: Spannt auf dem letzten Stift ein Endgummiband mit dem Farbcode „A" ein.

- Das Endgummiband wird in der Abbildung ganz oben als gestrichelter Kreis dargestellt. Im nächsten Abschnitt zeigen wir euch, wie ihr ein Endgummiband herstellen könnt.

Herstellung von Endgummibändern

Ein „Endgummiband" ist ein Gummiband mit einer doppelten Schleife. Es ist bei vielen Armbändern das letzte Gummiband. Wenn das Armband vom Loom genommen wird, sieht es dadurch vollständig aus.

1-5

Ein Endgummiband wird in diesem Buch als gestrichelter Kreis um einen Stift dargestellt. Im Beispiel rechts müsst ihr auf den abgebildeten Stift ein Endgummiband der Farbe „A" einspannen.

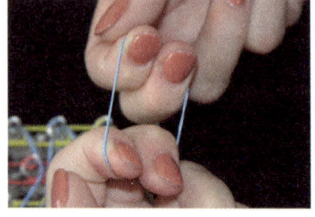

Zur Herstellung eines Endgummibands müsst ihr zwei Finger einer jeden Hand durch das Gummiband führen.

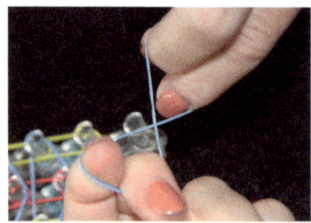

Dehnt das Gummiband und dreht es zu einer „8".

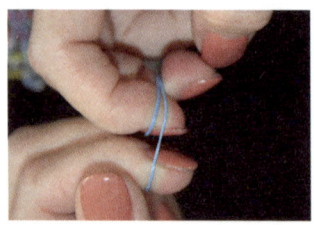

Legt dann das Gummiband übereinander. So entsteht ein Gummiband mit einer doppelten Schleife, das wir einfach Endgummiband nennen.

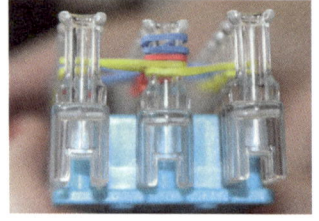

Das Endgummiband wird dann über den Stift gelegt. Hier seht ihr, wie das blaue Endgummiband in einer doppelten Schleife auf dem Stift sitzt.

Verknüpfen der Gummibänder

Nachdem ihr die Gummibänder auf dem Loom eingespannt habt, müsst ihr sie miteinander verknüpfen. Beim Verknüpfen der Gummibänder macht ihr Folgendes: Ihr führt ein Gummiband durch eines oder mehrere Gummibänder. Die meisten Fehler passieren bei diesem Vorgang. Daher müsst ihr euch genaustens an die Anweisungen halten. Wenn ihr ein Gummiband vergesst, kann das ganze Armband auseinanderfallen.

Wie man den Haken hält

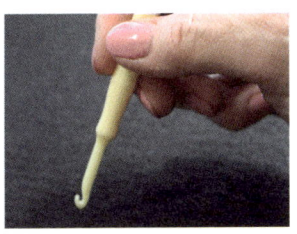

Zum Verknüpfen der Gummibänder benötigt ihr den Haken. Haltet den Haken wie einen Stift, nur etwas senkrechter. Die offene Seite des Hakens muss von euch weg zeigen.

Okay, machen wir jetzt mit dem Schlingen-Armband weiter.

Schritt 5: Dreht den Loom so, dass der rote Pfeil zu euch zeigt.

Wenn der rote Pfeil zu euch zeigt, zeigen auch die offenen Seiten der Stifte bzw. die Kanäle zu euch.

Schritt 6: Verknüpft die Gummibänder 1 bis 6.

- Jedes Band, das eingespannt werden muss, wird in der Abbildung als Pfeil dargestellt. Die Pfeilrichtung gibt an, in welcher Richtung das Gummiband eingespannt werden muss. Die Richtung, in der ein Gummiband eingespannt wird, ist sehr wichtig.

- Die Reihenfolge, in der die Gummibänder eingespannt werden, wird mit Zahlen dargestellt. Der Buchstabe neben der Zahl verweist auf die Farbe des Gummibands, das ihr einspannen müsst.

Beispiel: Seht euch den Pfeil mit der Markierung 1D an. Die Zahl 1 bedeutet, dass dieses

Gummiband als erstes eingespannt werden muss, und aufgrund des Farbcode-Quadrats wissen wir, dass der Buchstabe „D" für ein grünes Gummiband steht.

- Beim Verknüpfen der Bänder schiebt ihr den Haken in den Kanal des Stifts, bis ihr das Gummiband, das ihr verknüpfen müsst, zu fassen bekommt. Im Fall von 1D schiebt ihr den Haken innen in das rote Endgummiband und erfasst das grüne Gummiband, das sich gleich darunter befindet. Nun müsst ihr das Endgummiband mit euren Fingern festhalten, damit es nicht vom Stift rutscht. Hebt das grüne Gummiband 1D vorsichtig vom Stift ab und spannt es auf den nächsten Stift, wie in der Abbildung auf Seite 20 gezeigt.

Schritt 7: Wiederholt das Muster.

- Das bedeutet, dass ihr von der Stelle aus, wo das letzte Muster geendet hat, das gleiche Muster wiederholt.

- Jedes Gummiband muss in der numerischen Reihenfolge, wie dargestellt, eingespannt werden.

Schritt 8: Endet mit einem Gummiband der Farbe „A" und geht dann zu „Fertigstellung eures Armbands" auf Seite 20.

- Dieser Schritt wird im Abschnitt „Fertigstellung eures Armbands" auf Seite 20 erklärt.

Tipps und Tricks

Einspannen der Gummibänder
- Spannt eure Gummibänder vorsichtig ein. Beim Einspannen auf den Stift dürfen sich die Gummibänder nicht überlappen. Es ist sehr wichtig, die Gummibänder in der richtigen Reihenfolge einzuspannen.
- Die Gummibänder sollen sich beim Einspannen auf dem Loom nicht verwickeln. Haltet das Gummiband zwischen Daumen und Zeigefinger und zieht es von einem Stift zum anderen. Es sollte fest auf dem Stift sitzen.
- Verwendet keine ausgeleierten Gummibänder. Hebt euch diese zum Üben auf!
- Kontrolliert die Gummbänder beim Einspannen auf dünne Stellen und Einrisse.

Verknüpfen
- Vor dem Verknüpfen solltet ihr kontrollieren, ob Gummibänder verdreht sind. Wenn ihr verdrehte Gummibänder seht, könnt ihr diese ganz leicht wieder gerade drehen. Führt einfach euren Haken rund um den Stift, zwischen dem Stift und den Gummibändern. Umkreist den Stift ein paar Mal mit eurem Haken. Dadurch werden eure Gummibänder „entdreht". Mehr darüber seht ihr im „Tricks"-Video, auf das ihr ganz einfach durch Scannen des obigen QR-Codes zugreifen könnt.
- Denkt beim Verknüpfen stets an diesen Satz: „Immer unten bleiben!" Wenn ihr euren Haken beim Verknüpfen der Gummibänder zu hoch anhebt, werden sie von den Stiften rutschen. Wenn ihr unten bleibt, bleiben die Gummibänder auf dem Stift!
- Denkt beim Verknüpfen stets an diesen Satz: „Hoch und drüber und drumherum!" Beim Verknüpfen der Gummibänder müsst ihr das Gummiband hochheben und über den Rand des ersten Stifts legen. Dann mit dem Haken den Stift KOMPLETT umrunden.
- Achtet beim Ziehen des Gummibands auf den Zug. Dadurch seht ihr, ob ihr das richtige Gummiband verknüpft.
- Beim Verknüpfen werdet ihr beobachten, dass die Gummibänder normalerweise eine „Tränenform" aufweisen, sofern sie richtig verknüpft werden.

Verwendung eures Hakens
- Schützt die Spitze! Verwendet die Spitze eures Hakens niemals, um das Armband vom Loom zu ziehen. Dadurch kann die Spitze abbrechen. Schiebt stattdessen die Gummbänder an die dickste Stelle des Hakens und zieht erst dann das Armband ab.
- Die offene Seite des Hakens sollte stets in die Richtung zeigen, in die ihr die Gummibänder verknüpft. Wenn die offene Seite des Hakens beim Verknüpfen der Gummibänder zu euch zeigt, wird das Gummiband herunterrutschen.
- Wenn ein Gummiband auf dem Haken nach oben rutscht, richtet den Haken gerade, um das Gummiband zurück in die richtige Position zu führen.
- Neigt euren Haken ein wenig nach vorne, wenn ihr nach dem Verknüpfen das Gummiband loslassen möchtet.

Fertigstellung eures Armbands

1-8

Wenn ihr beim Herstellen von Armbändern noch Anfänger seid, solltet ihr euch unbedingt das Video über die Fertigstellung eines Armbands ansehen. Diesen Vorgang benötigt ihr für jedes Armband in diesem Buch.

In den Schritten 1 bis 4 erfahrt ihr, wie man ein Armband abzieht.

Schritt 1: Dreht den Loom so, dass der rote Pfeil von euch weg zeigt.

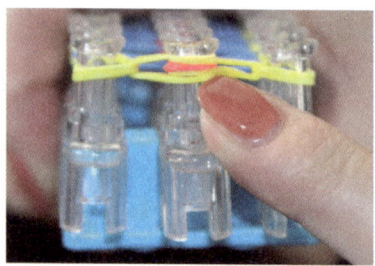

Schritt 2: Schiebt auf dem letzten Stift (derjenige, der sich am nächsten zu euch befindet) alle Gummibänder nach oben, wie im Bild dargestellt.

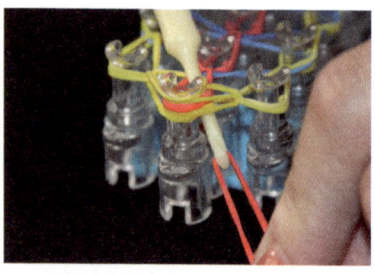

Schritt 3: Führt den Haken nach unten durch den Stiftkanal und durch alle Gummibänder. Dann den Haken seitlich neigen. Spannt ein Gummiband auf den Haken, wie dargestellt.

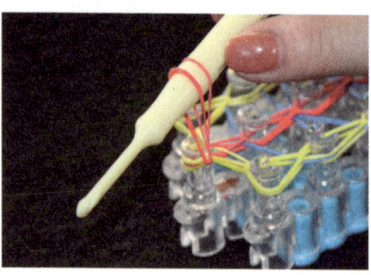

Schritt 4: Haltet das eine Ende des Gummibands fest und zieht das andere Ende zurück durch den Stiftkanal. Führt den Haken durch beide Enden des Gummibands und schiebt das Gummiband zur dicksten Stelle des Hakens, wie im Bild dargestellt.

Schritt 5: Nehmt das Armband vom Loom ab. Zieht hierfür die verknüpften Gummibänder mit euren Fingern über den Rand des letzten Stifts. Dann das Armband durch Auf- und Abbewegen vom Loom ziehen. Das Armband auf dem Haken lassen und zur Seite legen.

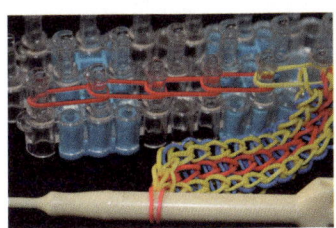

Schritt 6: Das Armband verlängern. Erstellt hierfür an einer Seite des Looms eine Gummibandkette. Diese Gummibänder sind im Bild rot dargestellt. Das letzte Gummiband der Einfach-Kette dient am Ende des Armbands als Endgummiband. Das Endgummiband ist im Bild in gelb zu sehen.

Für die meisten Kinder wird eine Einfach-Kette aus 3 oder 4 Gummibändern ausreichen. Für die meisten Erwachsenen werden mindestens 6 Gummibänder erforderlich sein.

Schritt 7: Verknüpft die Einfach-Kette, ohne das Armband vom Haken zu nehmen. Setzt auf das zuletzt verknüpfte Gummiband einen C-Clip auf und verbindet die beiden Enden des Armbands mit dem C-Clip.

Tipps

Anfängern wird es zunächst leichter fallen, einen Knoten in das Gummiband am losen Ende des Armbands zu machen und erst bei fortgeschrittenem Können einen C-Clip anzubringen. Um einen Knoten zu machen, führt ein Gummiband durch die losen Enden eines Armbands und schlagt es zurück. Führt das eine Ende des umgeschlagenen Gummibands durch die Öffnung, die durch das andere entsteht. Greift das Gummiband und zieht es fest, damit die Enden des Armbands nicht aufgehen können.

Bei Verwendung eines C-Clips ist es sehr wichtig, dass alle Gummbänder vom C-Clip erfasst werden. Seht euch den C-Clip genau an. Eine Hälfte der Gummibänder sollte zur einen Seite des C-Clips gezogen werden und die andere Hälfte zur anderen Seite.

Zum Ausprobieren

Verwendet beim Verlängern eures Armbands abwechselnd verschiedenfarbige Gummibänder.

Verwendet beim Verlängern oder Verbreitern eines Armbands zwei Gummibänder gleichzeitig.

Designs für Anfänger

Einfachketten-Armband
Anfänger

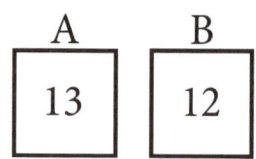

EINSPANNEN DER GUMMIBÄNDER

Schritt 1: Dreht den Loom so, dass der rote Pfeil von euch weg zeigt.

Schritt 2: Spannt die Gummibänder 1 bis 2 ein und haltet euch dabei an die Abbildung rechts. Achtung: Für A und B werden immer 2 verschiedene Farben verwendet.

Schritt 3: Wiederholt dieses Muster bis zum Ende des Looms.

Zum Ausprobieren

Macht einen Ring mit 6 bis 8 Gummibändern und schließt ihn mit einem C-Clip.

Macht ein Fransenarmband! Bevor ihr das Armband vom Loom abzieht, bindet an jeden Schleifenknoten 2 Gummibänder fest. Schneidet die Enden vorsichtig mit einer Schere ein. Achtet darauf, euer Armband nicht zu zerschneiden!

Das Fransenarmband-Design stammt von Lori LaRosa, Marlton, M.J.

24

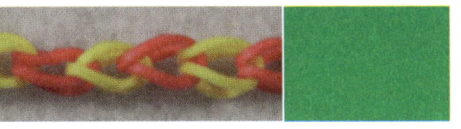

VERKNÜPFEN DER GUMMIBÄNDER

Schritt 4: Dreht den Loom so, dass der rote Pfeil zu euch zeigt.

Schritt 5: Verknüpft die Gummibänder 1 und 2, wie in der Abbildung dargestellt.

Schritt 6: Wiederholt dieses Muster bis zum Ende des Looms.

Achtet darauf, dass die Gummibänder in der gleichen Reihenfolge wie in der Abbildung verknüpft werden, da euer Armband ansonsten auseinanderfällt.

Schritt 7: Setzt auf das letzte verknüpfte Gummiband einen C-Clip auf.

Schritt 8: Zieht das Armband vom Loom ab und verbindet die beiden Enden mit dem C-Clip.

Hinweis

Dieser Pfeil ist hellgrau dargestellt, weil dieses Gummiband nicht verknüpft wird. Ihr verknüpft erst das zweite Gummiband mit der Bezeichnung „1B".

Tipp

Ihr könnt die Länge des Armbands ändern, indem ihr den C-Clip an einem anderen Kettenglied anbringt.

Diamant-Armband
Anfänger

A	B	C	D
14	12	12	12

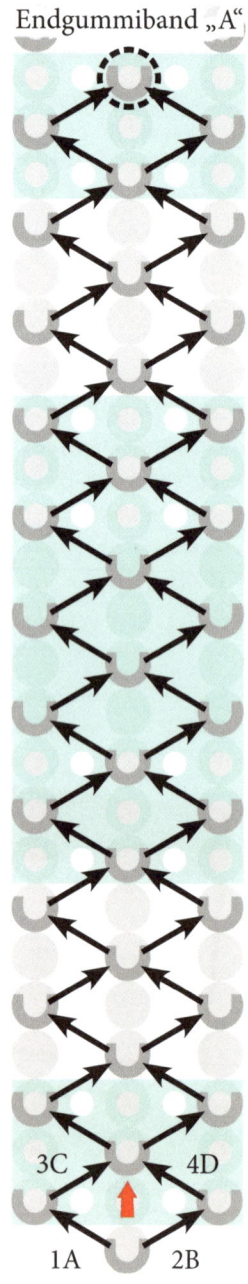

EINSPANNEN DER GUMMIBÄNDER

Schritt 1: Dreht den Loom so, dass der rote Pfeil von euch weg zeigt.

Schritt 2: Spannt die Gummibänder 1 bis 4 ein und haltet euch dabei an die Abbildung rechts.

Schritt 3: Wiederholt dieses Muster bis zum Ende des Looms.

Schritt 4: Spannt auf den letzten Stift ein Endgummiband mit dem Farbcode „A" ein, wie in der Abbildung dargestellt. Siehe „Herstellung von Endgummibändern" auf Seite 16.

Tipp

Schiebt jedes Gummiband, das Ihr einspannt, am Stift nach unten, damit ihr mehr Platz habt für die weiteren Gummibänder, die ihr darüber einspannt.

26

1-10

VERKNÜPFEN DER GUMMIBÄNDER

Schritt 5: Dreht den Loom so, dass der rote Pfeil zu euch zeigt.

Schritt 6: Spannt die Gummibänder 1 bis 4 ein und haltet euch dabei an die Abbildung rechts.

Schritt 7: Wiederholt dieses Muster bis zum Ende des Looms.

Schritt 8: Endet mit einem Gummiband der Farbe „A" und geht zu „Fertigstellung eures Armbands" auf Seite 20.

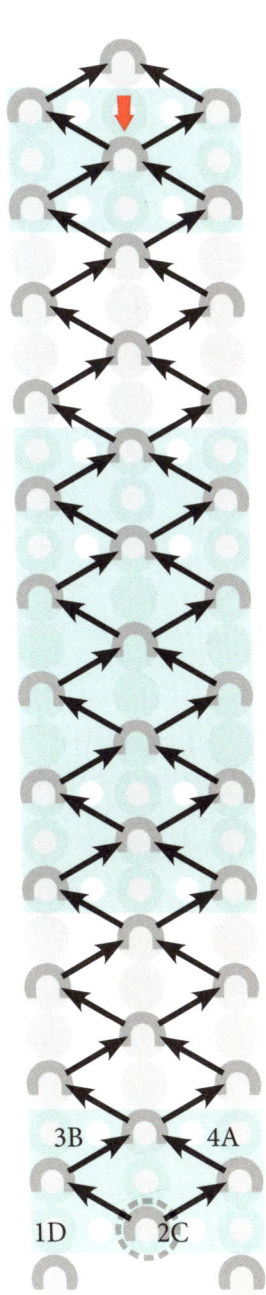

Zum Ausprobieren

Verwendet für jeden Diamanten eine andere Farbe.

Verwendet zwei Gummibänder gleichzeitig für ein extra-dickes Armband.

Diamant-Kamm-Armband
Anfänger

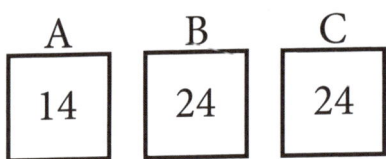

EINSPANNEN DER GUMMIBÄNDER

Schritt 1: Dreht den Loom so, dass der rote Pfeil von euch weg zeigt.

Schritt 2: Spannt die Gummibänder 1 bis 12 ein.

Zum Ausprobieren

Verwendet für jeden Diamanten eine andere Farbe.

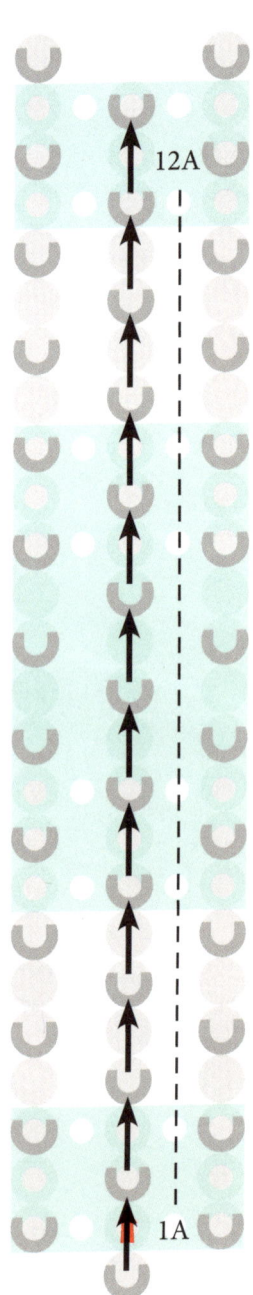

EINSPANNEN DER GUMMIBÄNDER

Schritt 3: Spannt die Gummibänder 1 bis 8 ein.

Schritt 4: Wiederholt dieses Muster bis zum Ende des Looms.

Schritt 5: Spannt auf den letzten Stift ein Endgummiband mit dem Farbcode „A" ein, wie in der Abbildung dargestellt. Siehe „Herstellung von Endgummibändern" auf Seite 16.

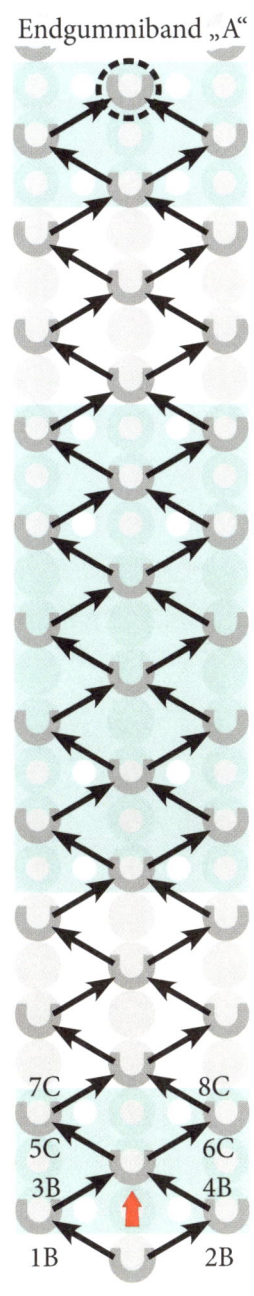

Endgummiband „A"

29

Diamant-Kamm-Armband
Anfänger

VERKNÜPFEN DER GUMMIBÄNDER

Schritt 6: Dreht den Loom so, dass der rote Pfeil zu euch zeigt.

Schritt 7: Verknüpft die Gummibänder 1 bis 10.

Schritt 8: Wiederholt dieses Muster bis zum Ende des Looms.

Schritt 9: Endet mit einem Gummiband der Farbe „A" und geht zu „Fertigstellung eures Armbands" auf Seite 20.

Schlingen-Armband
Anfänger

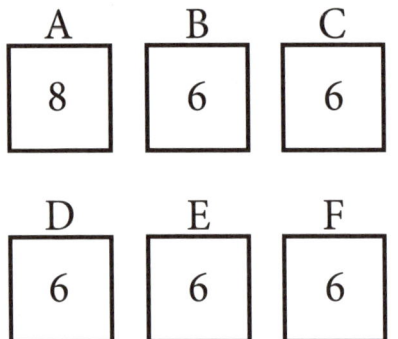

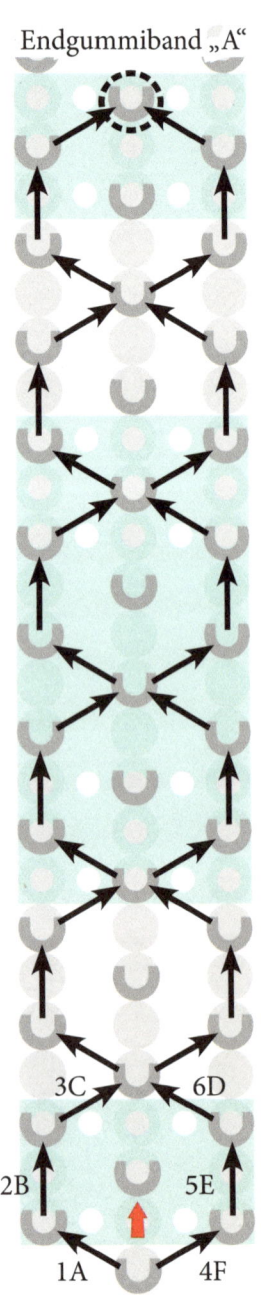

EINSPANNEN DER GUMMIBÄNDER

Schritt 1: Dreht den Loom so, dass der rote Pfeil von euch weg zeigt.

Schritt 2: Spannt die Gummibänder 1 bis 6 ein.

Schritt 3: Wiederholt das Muster.

Schritt 4: Spannt auf den letzten Stift ein Endgummiband mit dem Farbcode „A" ein, wie in der Abbildung dargestellt. Siehe „Herstellung von Endgummibändern" auf Seite 16.

Tipp

Die Reihenfolge, in der die Gummibänder eingespannt und verknüpft werden, ist sehr wichtig. Sagt euch daher die Zahl des Gummibands, das ihr gerade einspannt oder verknüpft, laut vor.

VERKNÜPFEN DER GUMMIBÄNDER

Schritt 5: Dreht den Loom so, dass der rote Pfeil zu euch zeigt.

Schritt 6: Verknüpft die Gummibänder 1 bis 6.

Schritt 7: Wiederholt das Muster.

Schritt 8: Endet mit einem Gummiband der Farbe „A" und geht zu „Fertigstellung eures Armbands" auf Seite 20.

Zum Ausprobieren

Verwendet für jede Wabe eine andere Farbe.

Nehmt abwechselnd für die Hälfte einer Wabe eine andere Farbe, wie nachfolgend dargestellt.

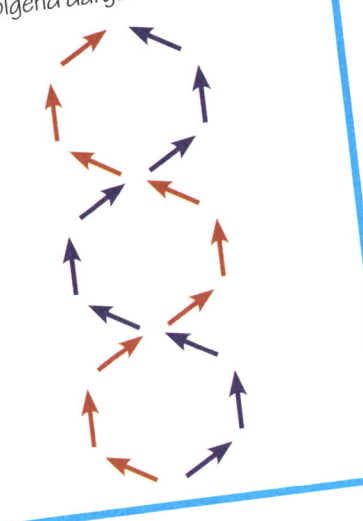

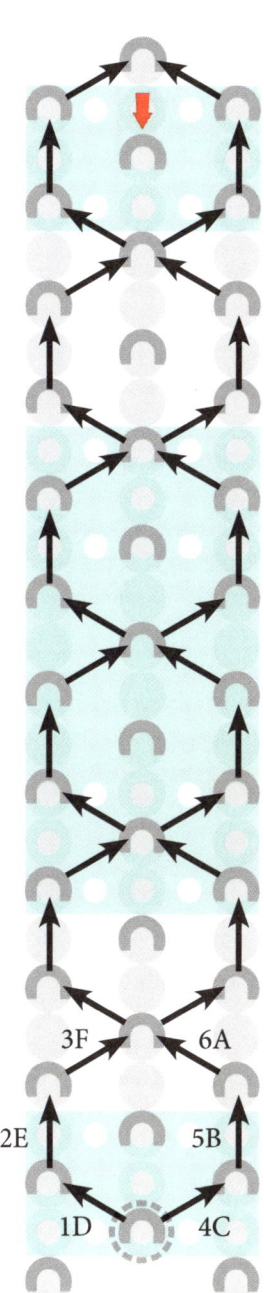

Rhombus-Armband
Anfänger

A	B	C	D
12	9	12	6

EINSPANNEN DER GUMMIBÄNDER

Schritt 1: Legt den Loom so hin, dass der rote Pfeil von euch weg zeigt.

Schritt 2: Spannt die Gummibänder 1 bis 6 ein.

Schritt 3: Wiederholt dieses Muster bis zum Ende des Looms. Achtet darauf, dass ihr „1B" als letztes Gummiband einspannt.

Schritt 4: Spannt auf den letzten Stift ein Endgummiband mit dem Farbcode „B" ein (siehe Abbildung). Siehe „Herstellung von Endgummibändern" auf Seite 16.

Zum Ausprobieren

Macht ein „Raupen-Armband".
A (weiß) B (rot)
C (pink) D (grün)

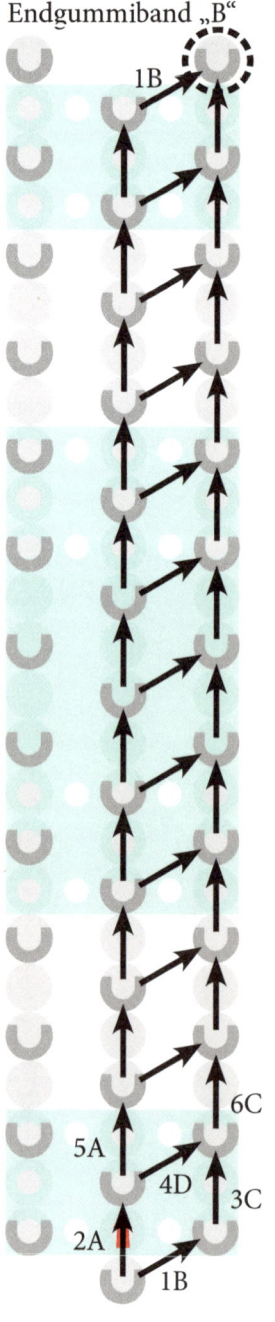

VERKNÜPFEN DER GUMMIBÄNDER

Schritt 5: Dreht den Loom so, dass der rote Pfeil zu euch zeigt.

Schritt 6: Verknüpft die Gummibänder 1 bis 6.

Schritt 7: Wiederholt dieses Muster bis zum Ende des Looms. Achtet darauf, dass ihr „1B" als letztes Gummiband verknüpft.

Schritt 8: Endet mit einem Gummiband der Farbe „B" und geht zu „Fertigstellung eures Armbands" auf Seite 20.

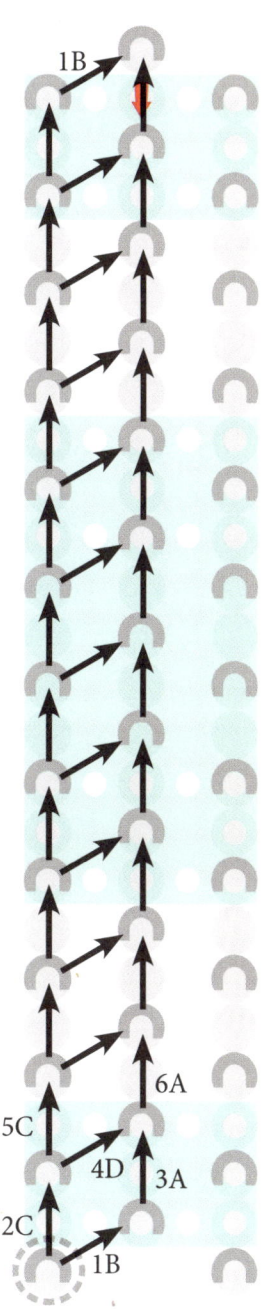

35

Triangel-Armband
Anfänger

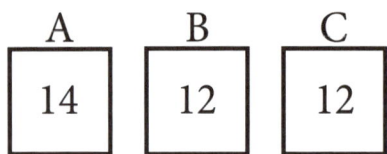

A	B	C
14	12	12

EINSPANNEN DER GUMMIBÄNDER

Schritt 1: Dreht den Loom so, dass der rote Pfeil von euch weg zeigt.

Schritt 2: Spannt die Gummibänder 1 bis 6 ein.

Schritt 3: Wiederholt dieses Muster bis zum Ende des Looms.

Schritt 4: Spannt auf den letzten Stift ein Endgummiband mit dem Farbcode „A" ein, wie in der Abbildung dargestellt. Siehe „Herstellung von Endgummibändern" auf Seite 16.

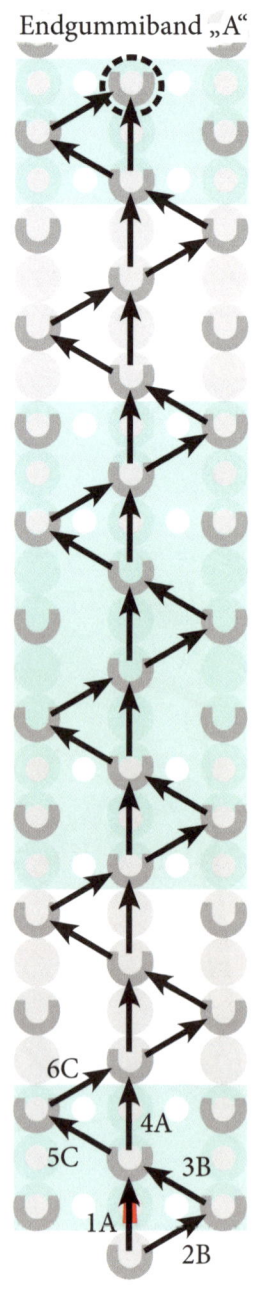

VERKNÜPFEN DER GUMMIBÄNDER

Schritt 5: Dreht den Loom so, dass der rote Pfeil zu euch zeigt.

Schritt 6: Verknüpft die Gummibänder 1 bis 6.

Schritt 7: Wiederholt dieses Muster bis zum Ende des Looms.

Schritt 8: Endet mit einem Gummiband der Farbe „A" und geht zu „Fertigstellung eures Armbands" auf Seite 20.

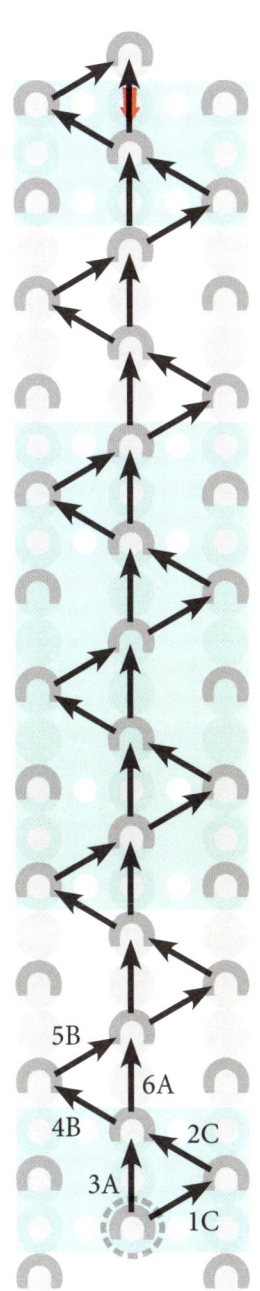

Gemustertes Rhombus-Armband
Anfänger

A	B	C
18	16	8

Endgummiband „A"

EINSPANNEN DER GUMMIBÄNDER

Schritt 1: Dreht den Loom so, dass der rote Pfeil von euch weg zeigt.

Schritt 2: Spannt die Gummibänder 1 bis 10 ein. Achtet auf die Farbe der einzelnen Gummibänder.

Schritt 3: Wiederholt dieses Muster bis zum Ende des Looms.

Schritt 4: Spannt auf den letzten Stift ein Endgummiband mit dem Farbcode „A" ein, wie in der Abbildung dargestellt. Siehe „Herstellung von Endgummibändern" auf Seite 16.

8B
9C 10B
6A
7A
5B
3B 4C
2A
1A

38

VERKNÜPFEN DER GUMMIBÄNDER

Schritt 5: Dreht den Loom so, dass der rote Pfeil zu euch zeigt.

Schritt 6: Verknüpft die Gummibänder 1 bis 10.

Schritt 7: Wiederholt dieses Muster bis zum Ende des Looms.

Schritt 8: Endet mit einem Gummiband der Farbe „A" und geht zu „Fertigstellung eures Armbands" auf Seite 20.

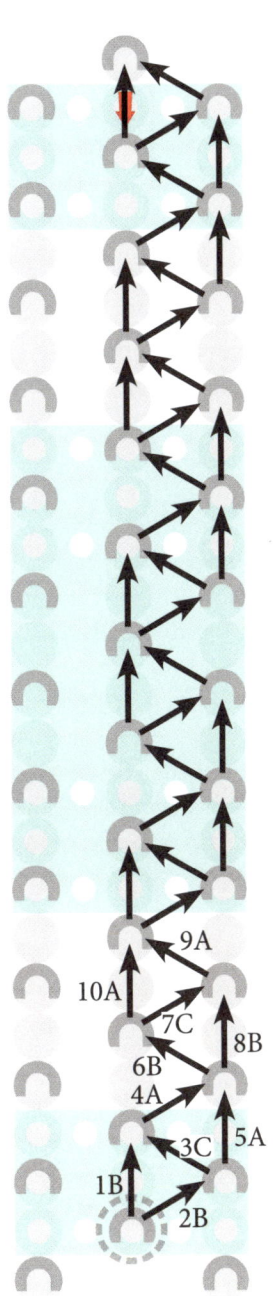

Diamant-Trio-Armband
Anfänger

A	B	C
12	14	12

Endgummiband „B"

EINSPANNEN DER GUMMIBÄNDER

Schritt 1: Baut den Loom von einer „versetzten" in eine „rechteckige" Konfiguration um. Wie das geht, erfahrt ihr unter „Loom-Konfigurationen" auf Seite 192.

Schritt 2: Dreht den Loom so, dass der rote Pfeil von euch weg zeigt.

Schritt 3: Spannt die Gummibänder 1 bis 12 ein.

Schritt 4: Wiederholt das Muster noch zweimal.

Schritt 5: Spannt auf den letzten Stift ein Endgummiband mit dem Farbcode „B" ein (siehe Abbildung). Siehe „Herstellung von Endgummibändern" auf Seite 16.

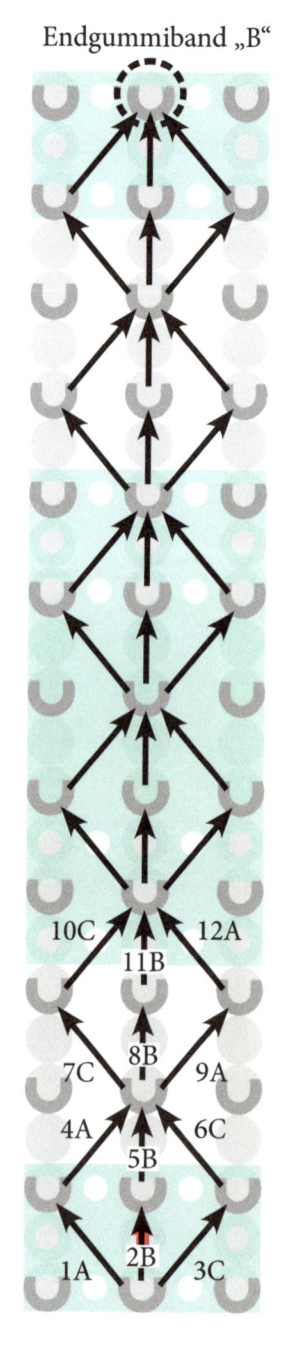

40

VERKNÜPFEN DER GUMMIBÄNDER

Schritt 6: Dreht den Loom so, dass der rote Pfeil zu euch zeigt.

Schritt 7: Verknüpft die Gummibänder 1 bis 12.

Schritt 8: Wiederholt dieses Muster bis zum Ende des Looms.

Schritt 9: Endet mit einem Gummiband der Farbe „B" und geht zu „Fertigstellung eures Armbands" auf Seite 20.

Spiral-Armband
Anfänger

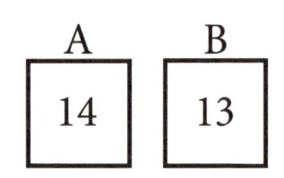

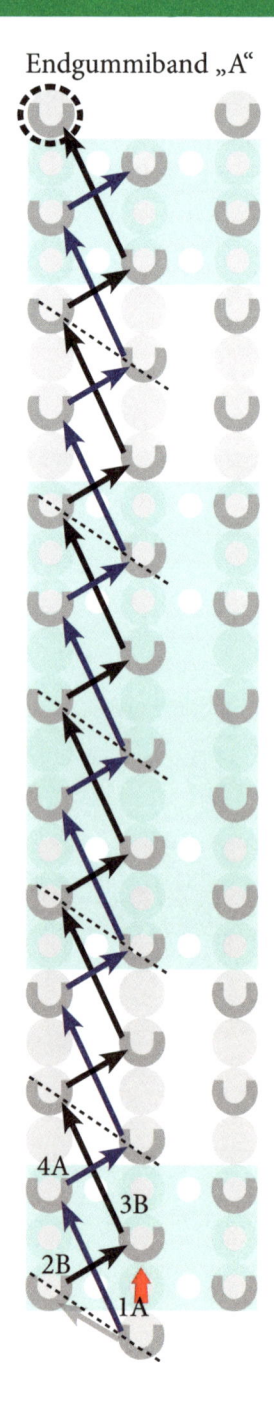

A	B
14	13

EINSPANNEN DER GUMMIBÄNDER

Schritt 1: Dreht den Loom so, dass der rote Pfeil von euch weg zeigt.

Schritt 2: Spannt das Gummiband 1, wie nachfolgend dargestellt, ein.

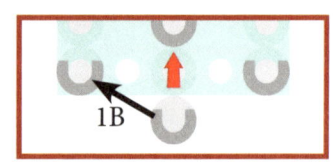

Schritt 3: Spannt die Gummibänder 1 bis 4, wie in der Abbildung rechts und unten dargestellt. Damit dieses Design etwas einfacher wird, haben wir die Gummibänder „A" in blau dargestellt. Beachtet, dass jedes Zick-Zack-Muster eine andere Farbe hat. Blau auf blau, und schwarz auf schwarz.

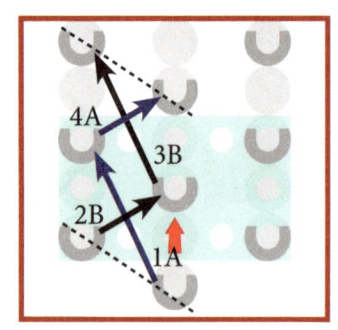

Schritt 4: Wiederholt das Muster noch fünfmal.

Schritt 5: Spannt auf den letzten Stift ein Endgummiband mit dem Farbcode „A" ein, wie in der Abbildung dargestellt. Siehe „Herstellung von Endgummibändern" auf Seite 16.

VERKNÜPFEN DER GUMMIBÄNDER

Schritt 6: Dreht den Loom so, dass der rote Pfeil zu euch zeigt.

Schritt 7: Verknüpft die Gummibänder 1 bis 4, wie nachfolgend und in der Abbildung rechts dargestellt.

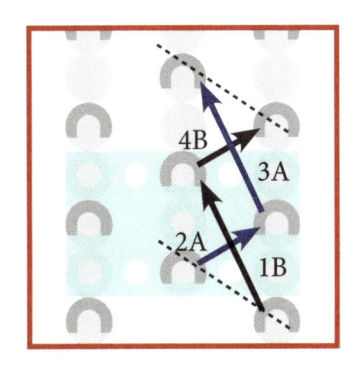

Schritt 8: Wiederholt dieses Muster bis zum Ende des Looms.

Schritt 9: Verknüpft das Gummiband 1, wie oben in der Abbildung dargestellt.

Schritt 10: Endet mit einem Gummiband der Farbe „A" und geht zu „Fertigstellung eures Armbands" auf Seite 20.

Zum Ausprobieren

Verwendet 2 Gummibänder gleichzeitig für ein extradickes Spiral-Armband.

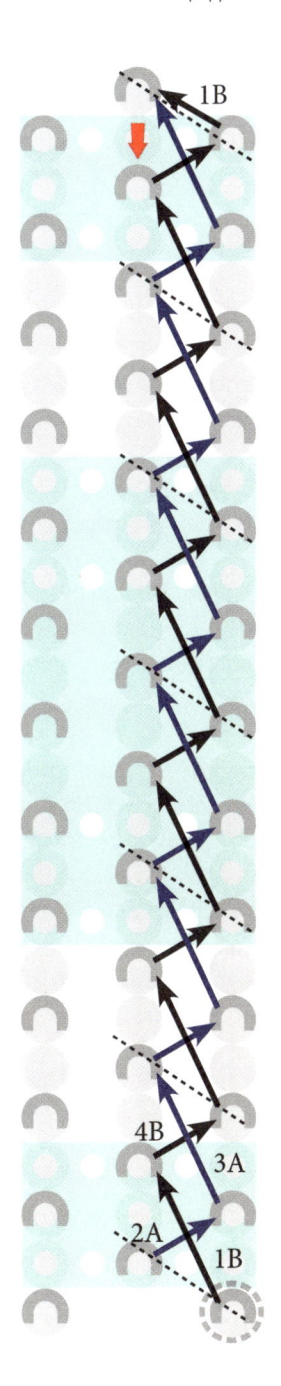

Perlenleiter-Armband
Anfänger

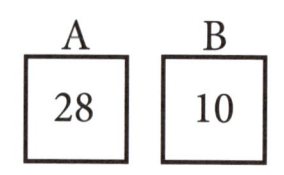

A	B
28	10

EINSPANNEN DER GUMMIBÄNDER

Schritt 1: Dreht den Loom so, dass der rote Pfeil von euch weg zeigt.

Schritt 2: Führt 10 Gummibänder durch 10 Perlen (Pony-Perlen). Das sind eure Gummibänder „B".

Schritt 3: Spannt die Gummibänder 1 bis 13 ein.

Schritt 4: Spannt die Gummibänder 14 bis 26 ein.

Schritt 5: Spannt die Gummibänder 27 bis 36 ein und verwendet dabei die Perlen-Gummibänder „B", die ihr in Schritt 2 hergestellt habt.

Schritt 6: Spannt auf den letzten Stift ein Endgummiband mit dem Farbcode „A" ein, wie in der Abbildung dargestellt. Siehe „Herstellung von Endgummibändern" auf Seite 16.

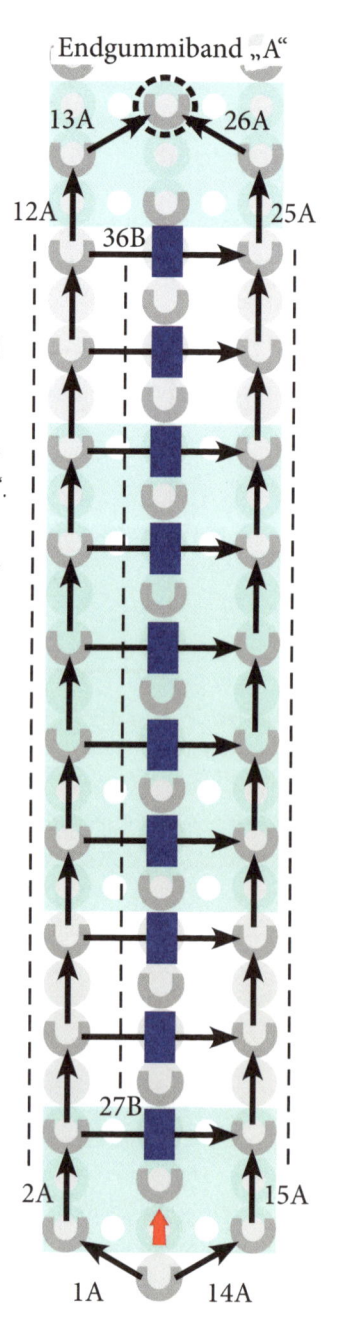

44

VERKNÜPFEN DER GUMMIBÄNDER

Schritt 7: Dreht den Loom so, dass der rote Pfeil zu euch zeigt.

Schritt 8: Verknüpft die Gummibänder 1 bis 13.

Schritt 9: Verknüpft die Gummibänder 14 bis 26.

Schritt 10: Endet mit einem Gummiband der Farbe „A" und geht zu „Fertigstellung eures Armbands" auf Seite 20.

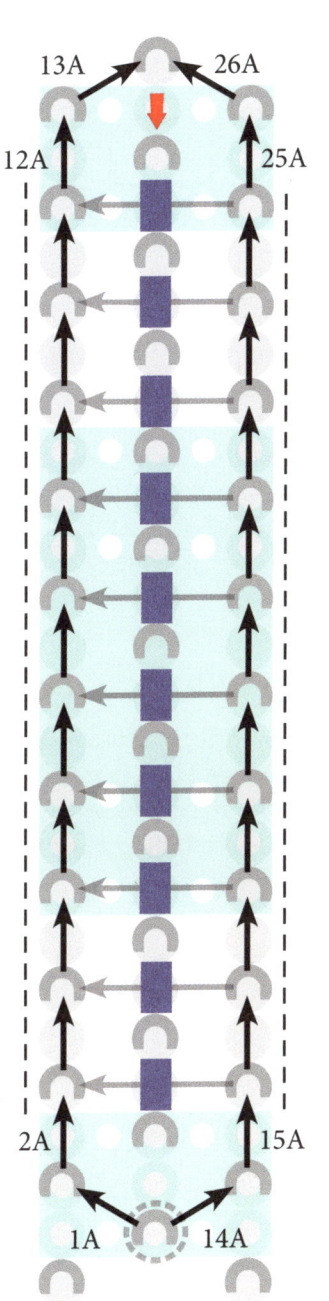

Tipps

Perlen mit einem Durchmesser von 6 bis 9 mm eignen sich am besten. Probiert auch andere Perlen oder dekorative Knöpfe aus.

Eine 3,5 mm starke Häkelnadel kann dabei helfen, die Gummibänder durch die Perlen zu ziehen.

Ihr könnt die Gummibänder auch mithilfe einer Nylonschnur oder mit Zahnseide (mit Einfädelhilfe) durch die Perlen ziehen.

45

Dreifachketten-Armband
Anfänger

A	B	C
28	12	10

EINSPANNEN DER GUMMIBÄNDER

Schritt 1: Dreht den Loom so, dass der rote Pfeil von euch weg zeigt.

Schritt 2: Spannt die Gummibänder 1 bis 13 ein.

Schritt 3: Spannt die Gummibänder 14 bis 26 ein.

Schritt 4: Spannt die Gummibänder 27 bis 38 ein.

Schritt 5: Spannt auf den letzten Stift ein Endgummiband mit dem Farbcode „A" ein, wie in der Abbildung dargestellt. Siehe „Herstellung von Endgummibändern" auf Seite 16.

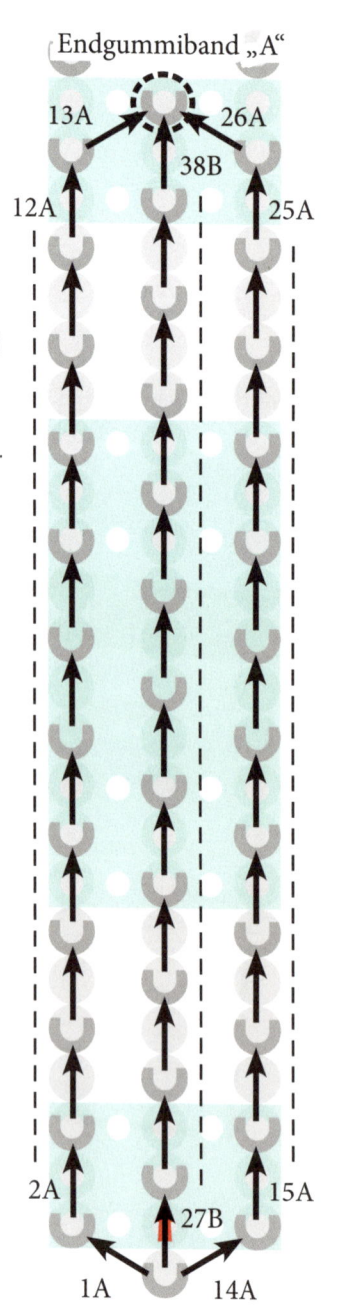

EINSPANNEN DER GUMMIBÄNDER

Schritt 6: Schiebt alle Gummibänder an den Stiften nach unten, damit oben noch Platz für weitere Gummibänder ist.

Schritt 7: Spannt die Gummibänder 1 bis 10 ein. Beachtet, dass diese Gummibänder um drei Stifte gespannt werden und so ein Dreieck bilden. Die erste und letzte Stiftreihe müsst ihr auslassen, wie in der Abbildung dargestellt.

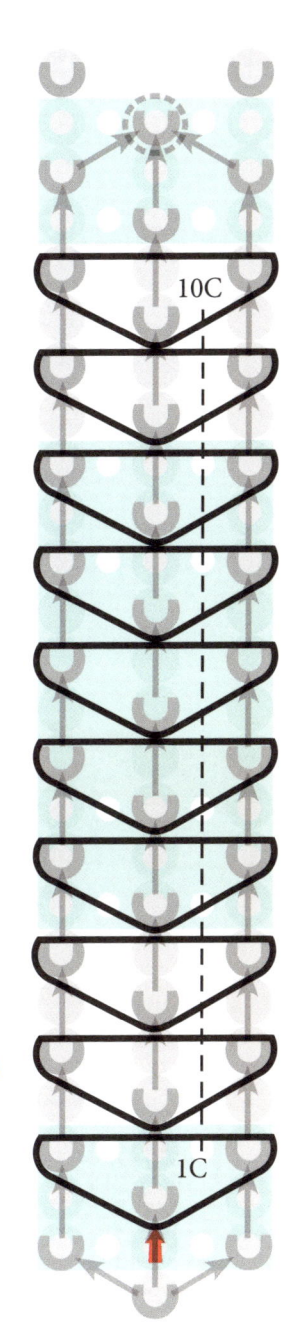

Zum Ausprobieren

Nehmt abwechselnd eine andere Farbe.

Verwendet zwei Gummibänder gleichzeitig für ein extradickes Armband. (Verwendet für die Dreiecke jedoch keine zwei Gummibänder.)

Bildet mit den Gummibändern beim Einspannen der Gummibänder „A" und „B" verschiedene Formen.

Verbindet zwei Looms in der „Ende-an-Ende-Konfiguration", um ein ganz langes Armband herzustellen.

47

Dreifachketten-Armband
Anfänger

VERKNÜPFEN DER GUMMIBÄNDER

Schritt 8: Dreht den Loom so, dass der rote Pfeil zu euch zeigt.

Schritt 9: Verknüpft die Gummibänder 1 bis 12.

Schritt 10: Verknüpft die Gummibänder 13 bis 25.

Schritt 11: Verknüpft die Gummibänder 26 bis 38.

Schritt 12: Endet mit einem Gummiband der Farbe „A" und geht zu „Fertigstellung eures Armbands" auf Seite 20.

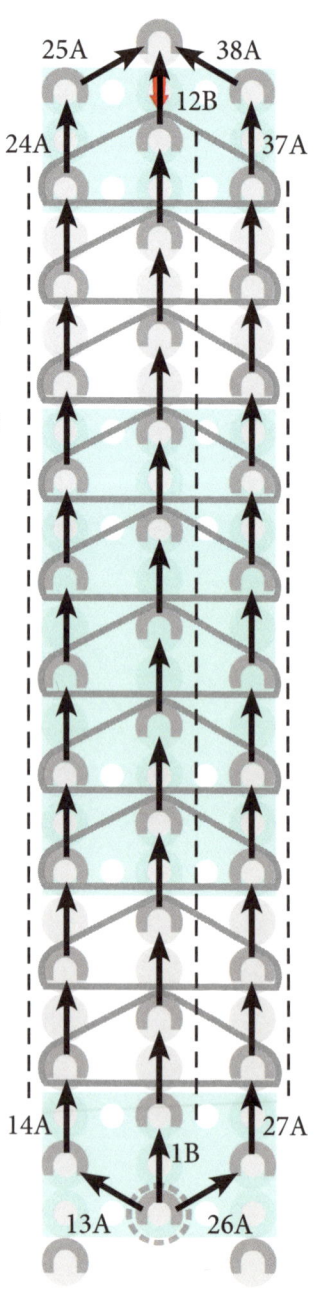

Hinweis

Beim Verknüpfen der Seiten müsst ihr die Gummibänder durch die dreieckigen „Gummibänder" ziehen. Hierfür müsst ihr mit der Hakenrückseite die Gummibänder „C" ziehen und erst danach das untere Gummiband fassen. Siehe Fotos auf der nächsten Seite und im Video unten.

Verknüpfen der Dreifach-Kette

1-60

48

RICHTIG!

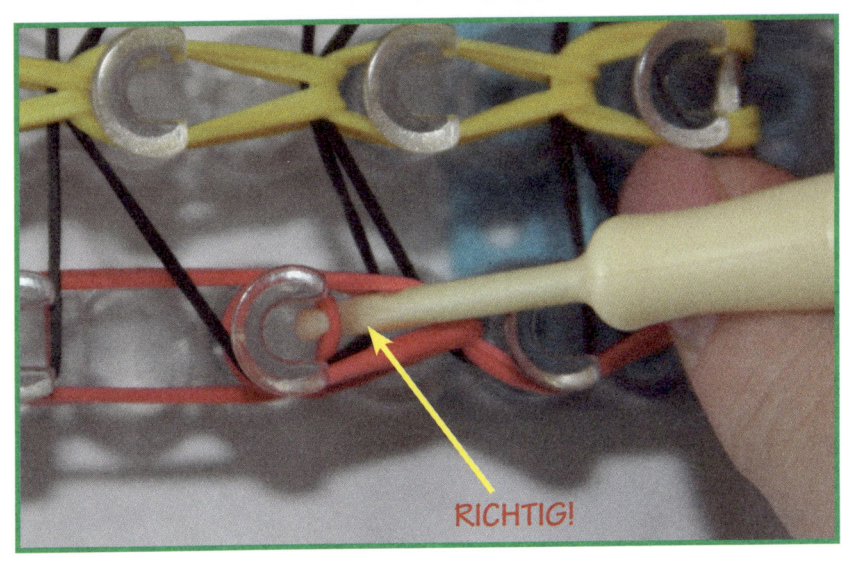

RICHTIG: Wenn ihr die Gummibänder an den Seiten des Looms verknüpft, müsst ihr mit der Hakenrückseite das schwarze Gummiband „C" zurückziehen und gleichzeitig das untere rote Gummiband „A" fassen. Hier seht ihr, wie das rote Gummiband durch das schwarze Gummiband gezogen wird.

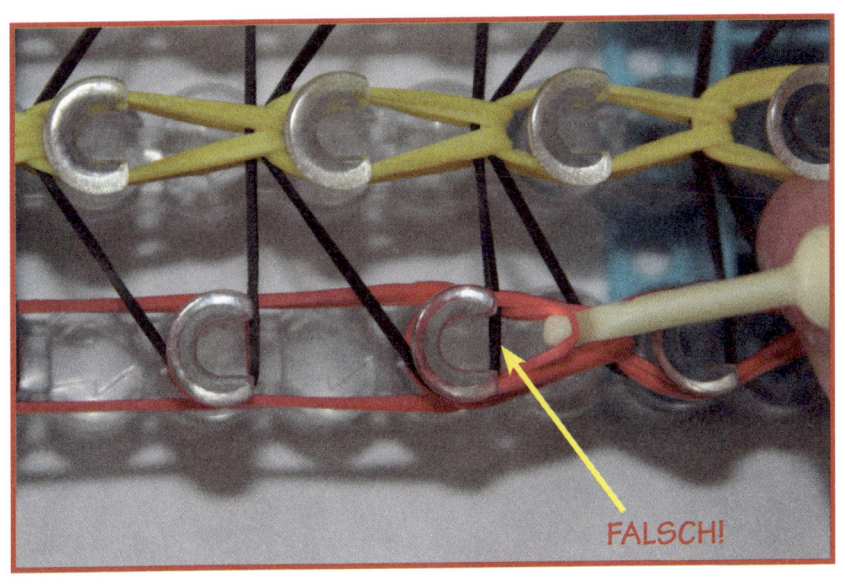

FALSCH!

FALSCH: Hier seht ihr, dass das rote Gummiband nicht durch das schwarze dreieckige Gummiband gezogen wird, sondern dahinter. Wenn ihr das so macht, fällt euer Armband nach dem Abnehmen vom Loom auseinander.

Rucksackanhänger aus drei Einfachketten
Anfänger

A	B	C
54	24	11

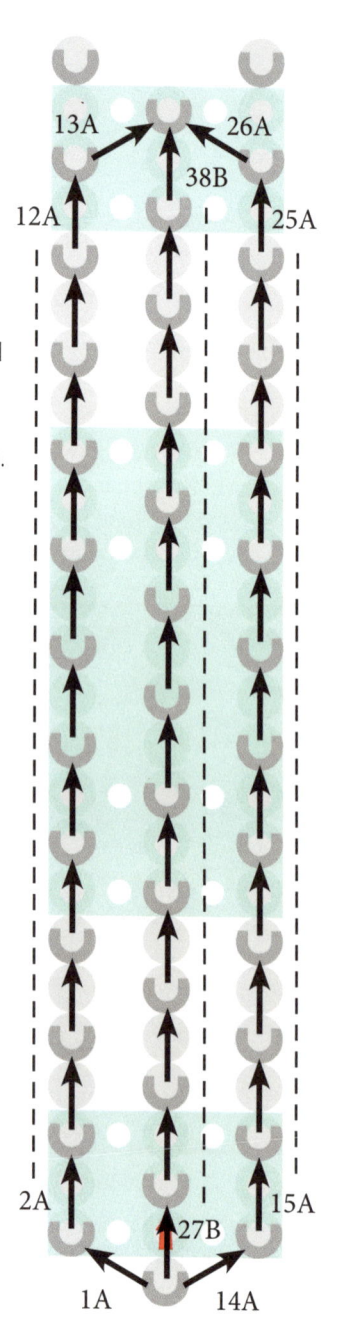

EINSPANNEN DER GUMMIBÄNDER

Schritt 1: Dreht den Loom so, dass der rote Pfeil von euch weg zeigt.

Schritt 2: Spannt die Gummibänder 1 bis 13 ein. Verwendet dabei zwei Gummibänder gleichzeitig. Siehe den **Hinweis** unten.

Schritt 3: Spannt die Gummibänder 14 bis 26 ein. Verwendet dabei zwei Gummibänder gleichzeitig.

Schritt 4: Spannt die Gummibänder 27 bis 38 ein. Verwendet dabei zwei Gummibänder gleichzeitig.

Hinweis

Ihr verknüpft zwei Gummibänder gleichzeitig und legt dabei das eine auf das andere. Spannt die Gummibänder dabei zusammen ein, damit sie sich nicht ineinander verwickeln.

EINSPANNEN DER GUMMIBÄNDER

Schritt 5: Schiebt alle Gummibänder an den Stiften nach unten, damit oben noch Platz für weitere Gummibänder ist.

Schritt 6: Spannt die Gummibänder 1 bis 11 ein und verwendet dabei jeweils nur ein Gummiband der Farbe „C". Diese Gummibänder werden um drei Stifte gespannt und bilden so ein Dreieck. Die erste und letzte Stiftreihe müsst ihr auslassen, wie in der Abbildung dargestellt.

Hinweis

Achtet darauf, dass sich das erste Dreieck hier befindet und nicht ganz unten am Loom.

11C

1C

Rucksackanhänger aus drei Einfachketten
Anfänger

VERKNÜPFEN DER GUMMIBÄNDER

Schritt 7: Dreht den Loom so, dass der rote Pfeil zu euch zeigt.

Schritt 8: Legt den Schlüsselring unten über den mittleren Stift. Siehe Abbildung rechts.

Schritt 9: Verknüpft die Gummibänder 1 bis 12. **Fasst beim Verknüpfen unbedingt zwei Gummibänder gleichzeitig!** Siehe den Hinweis unten.

Schritt 10: Verknüpft die Gummibänder 13 bis 25.

Schritt 11: Verknüpft die Gummibänder 26 bis 38.

Schritt 12: Schließt mit zwei Gummibändern der Farbe „A" ab (statt nur mit einem, wie üblich) und bringt am Ende einen C-Clip an.

Hinweis

Beim Verknüpfen der jeweiligen Seiten müsst ihr die Gummibänder durch die dreieckigen Gummibänder ziehen. Hierfür müsst ihr mit der Hakenrückseite die Gummibänder „C" ziehen und erst danach die zwei unteren Gummibänder fassen. Siehe Fotos auf der nächsten Seite und Video unten.

Verknüpfen der Dreifach-Kette

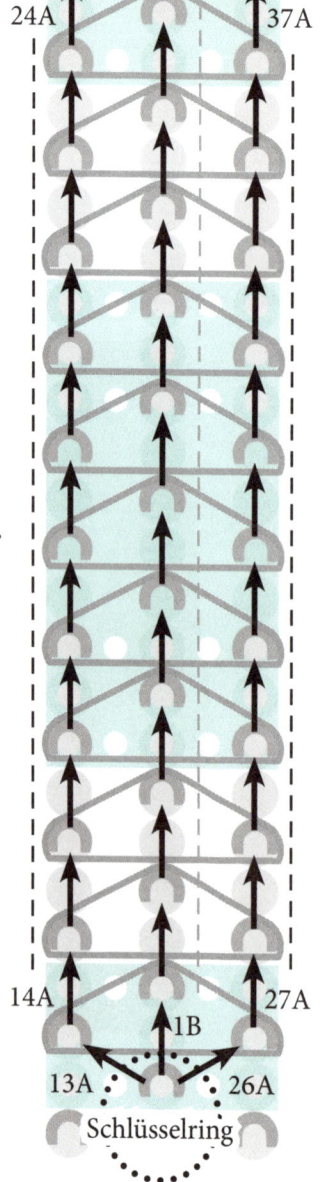

1-60

52

RICHTIG!

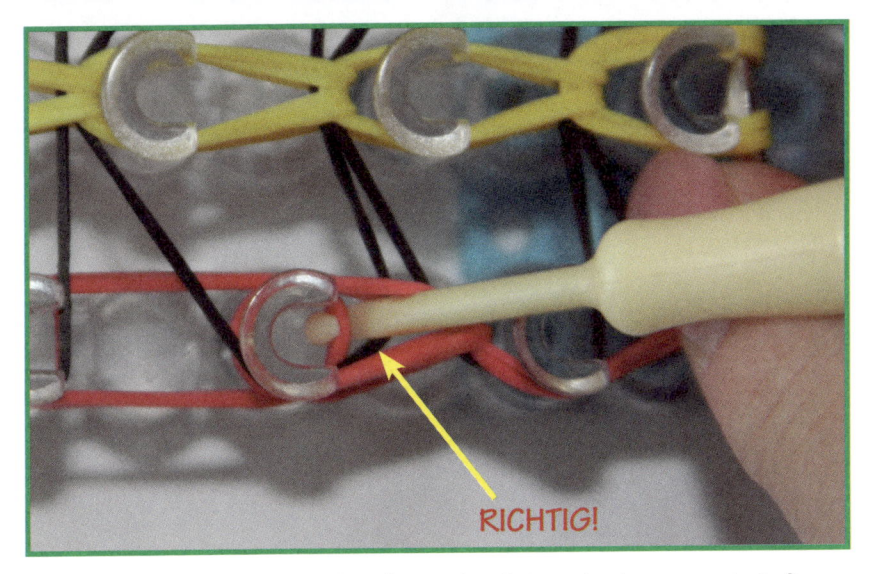

RICHTIG: Wenn ihr die Gummibänder an den Seiten des Looms verknüpft, müsst ihr mit der Hakenrückseite die schwarzen Gummibänder „C" zurückziehen und gleichzeitig die beiden unteren roten Gummibänder „A" fassen. Hier seht ihr, wie die roten Gummibänder durch das schwarze Gummiband gezogen werden.

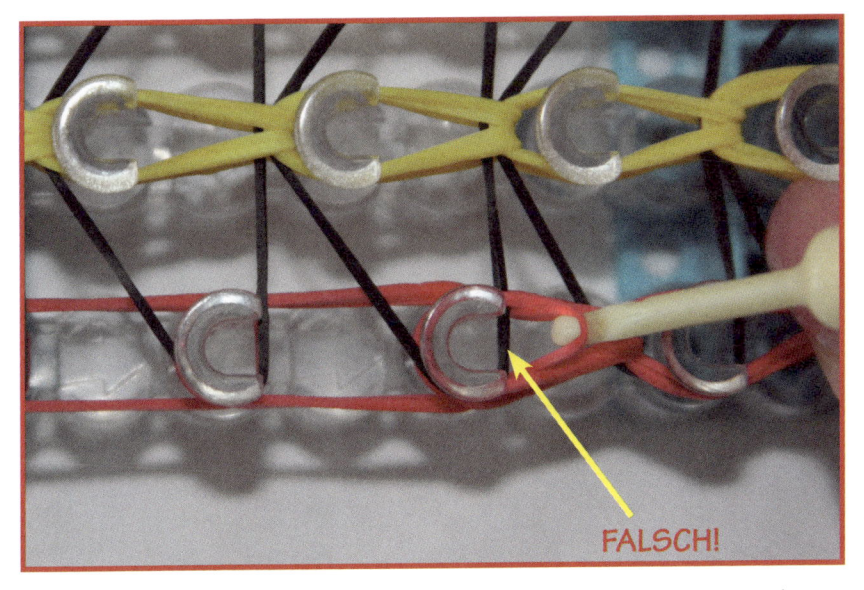

FALSCH!

FALSCH: Hier seht ihr, dass die roten Gummibänder nicht durch das schwarze dreieckige Gummiband gezogen wurden. In diesem Fall fällt euer Armband nach dem Abnehmen vom Loom auseinander.

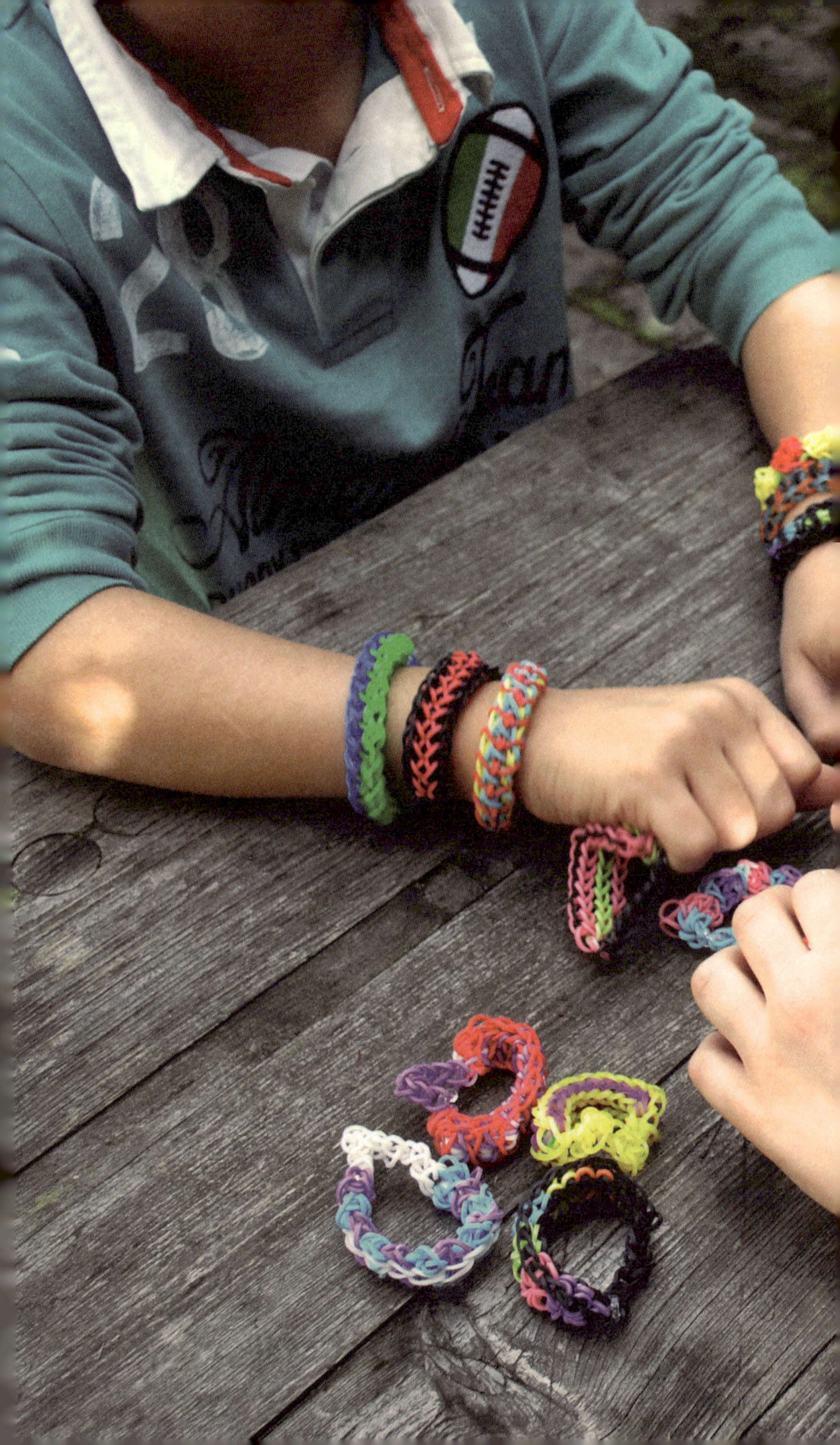

Designs für Fortgeschrittene

Taffy-Twist-Armband
Fortgeschrittene
Von Ally Aufman Wexford, PA

A	B	C
40	12	12

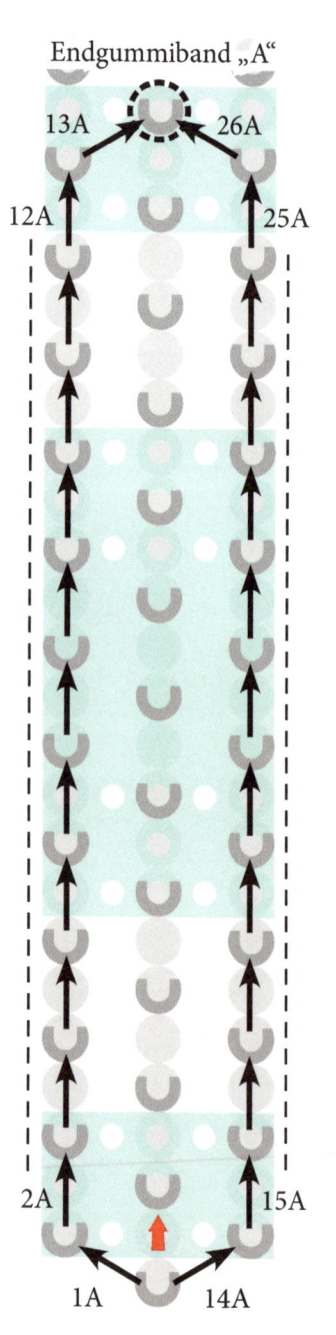

Endgummiband „A"

EINSPANNEN DER GUMMIBÄNDER

Schritt 1: Dreht den Loom so, dass der rote Pfeil von euch weg zeigt.

Schritt 2: Spannt die Gummibänder 1 bis 13 ein.

Schritt 3: Spannt die Gummibänder 14 bis 26 ein.

Schritt 4: Spannt auf den letzten Stift ein Endgummiband mit dem Farbcode „A" ein, wie in der Abbildung dargestellt. Siehe „Herstellung von Endgummibändern" auf Seite 16.

Zum Ausprobieren

Zur Herstellung des „Speck-Armbands" braucht ihr:
A (weiß)   B (rot)   C (pink)

Dieses Armband kann auch mit einem oder zwei Gummibändern hergestellt werden, die über den Loom verdreht werden.

EINSPANNEN DER GUMMIBÄNDER

Schritt 5: Spannt die Gummibänder 1 bis 12 ein. Verwendet dabei drei Gummibänder gleichzeitig (A, B und C). Dreht sie so, dass sie eine 8 bilden, und zieht sie über die äußeren Stifte, wie in der Abbildung rechts und im Foto unten zu sehen ist.

Hinweis

Jedes Gummiband, das ihr in der Zeichnung seht, besteht eigentlich aus 3 Gummibändern (A, B und C), die ineinander verdreht sind, sodass sie eine 8 bilden.

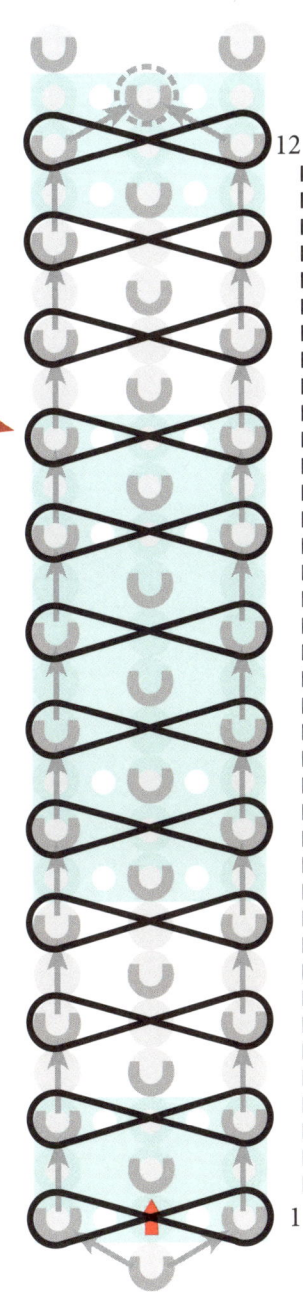

57

Taffy-Twist-Armband
Fortgeschrittene

VERKNÜPFEN DER GUMMIBÄNDER

Schritt 6: Dreht den Loom so, dass der rote Pfeil zu euch zeigt.

Schritt 7: Verknüpft die Gummibänder 1 bis 13.

Schritt 8: Verknüpft die Gummibänder 14 bis 26.

Schritt 9: Endet mit einem Gummiband der Farbe „A" und geht zu „Fertigstellung eures Armbands" auf Seite 20.

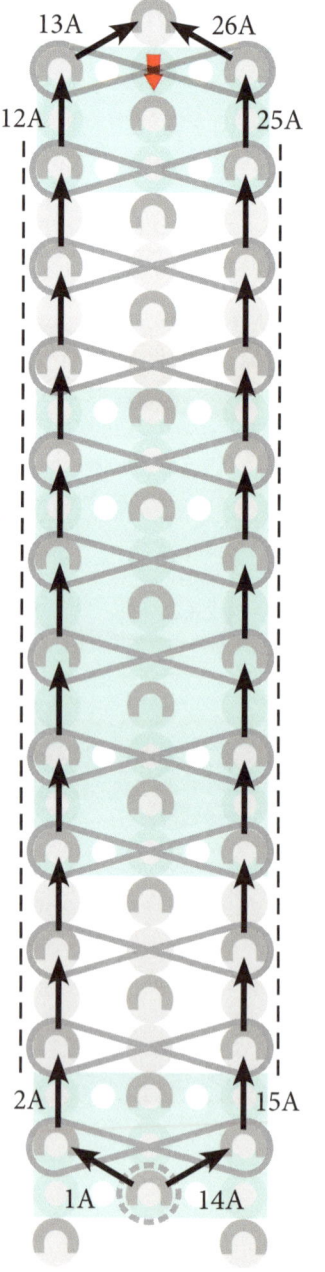

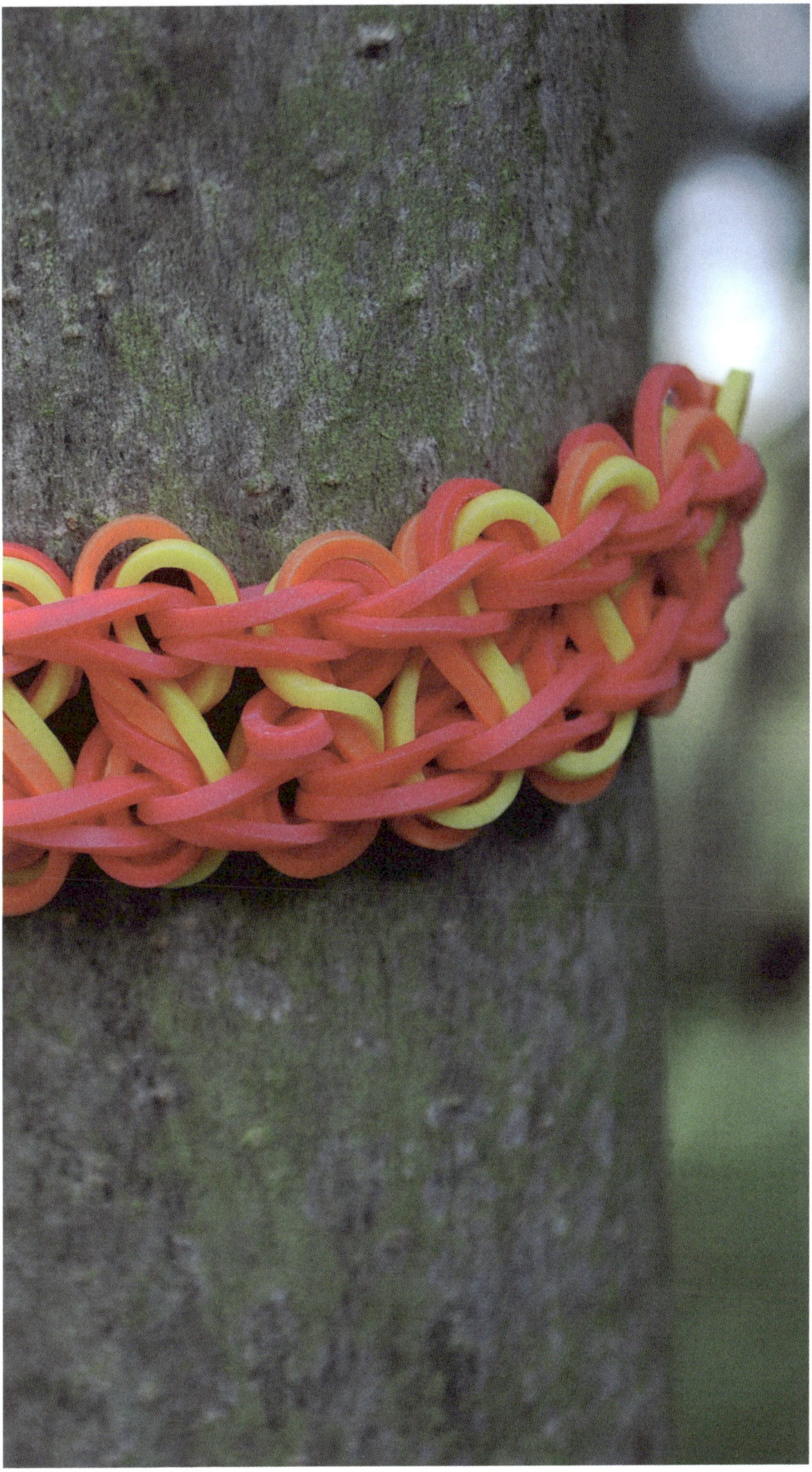

Doppeltes Perlenleiter-Armband
Fortgeschrittene

A	B
38	12

EINSPANNEN DER GUMMIBÄNDER

Schritt 1: Fädelt auf 10 der „A"-Gummibänder 2 Perlen auf. Legt sie bis Schritt 7 zur Seite.

Schritt 2: Dreht den Loom so, dass der rote Pfeil von euch weg zeigt.

Schritt 3: Spannt die Gummibänder 1 bis 13 ein.

Schritt 4: Spannt die Gummibänder 14 bis 26 ein.

Schritt 5: Spannt die Gummibänder 27 bis 38 ein.

Schritt 6: Spannt auf den letzten Stift ein Endgummiband mit dem Farbcode „A" ein, wie in der Abbildung dargestellt. Siehe „Herstellung von Endgummibändern" auf Seite 16.

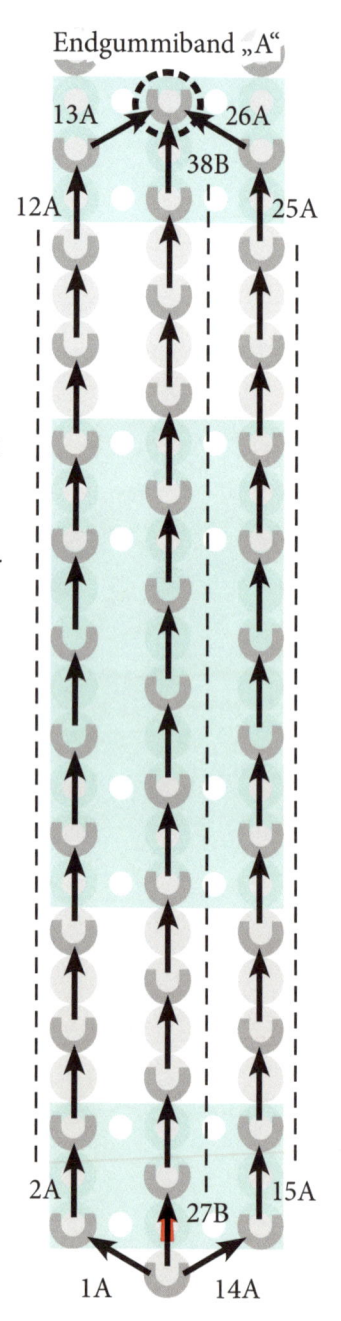

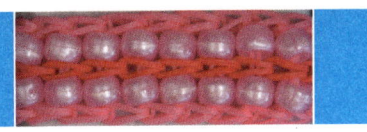

EINSPANNEN DER GUMMIBÄNDER

Schritt 7: Spannt die Gummibänder 1 bis 10 ein. Verwendet hierfür die Gummibänder mit den 2 Perlen von Schritt 1.

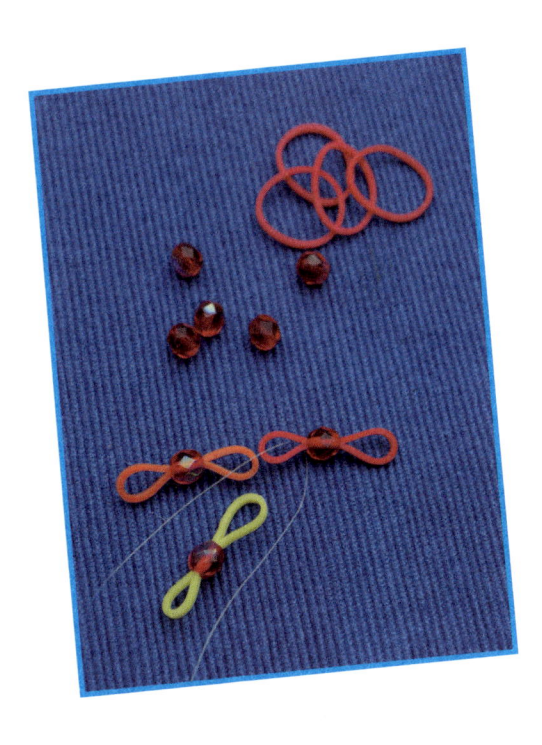

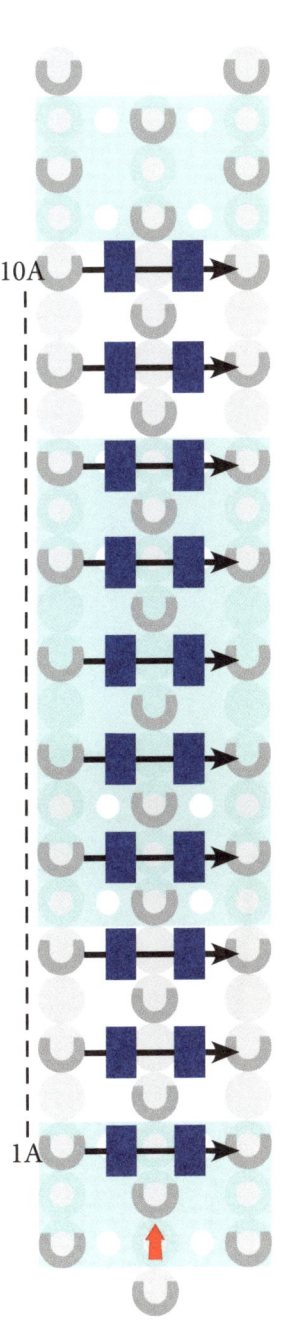

Doppeltes Perlenleiter-Armband
Fortgeschrittene

VERKNÜPFEN DER GUMMIBÄNDER

Schritt 8: Dreht den Loom so, dass der rote Pfeil zu euch zeigt.

Schritt 9: Verknüpft die Gummibänder 1 bis 12, wie in der Abbildung dargestellt. Verknüpft die Gummibänder dabei zwischen den Perlen, wie in der Abbildung dargestellt.

Schritt 10: Verknüpft die Gummibänder 13 bis 25.

Schritt 11: Verknüpft die Gummibänder 26 bis 38.

Schritt 12: Endet mit einem Gummiband der Farbe „A" und geht zu „Fertigstellung eures Armbands" auf Seite 20.

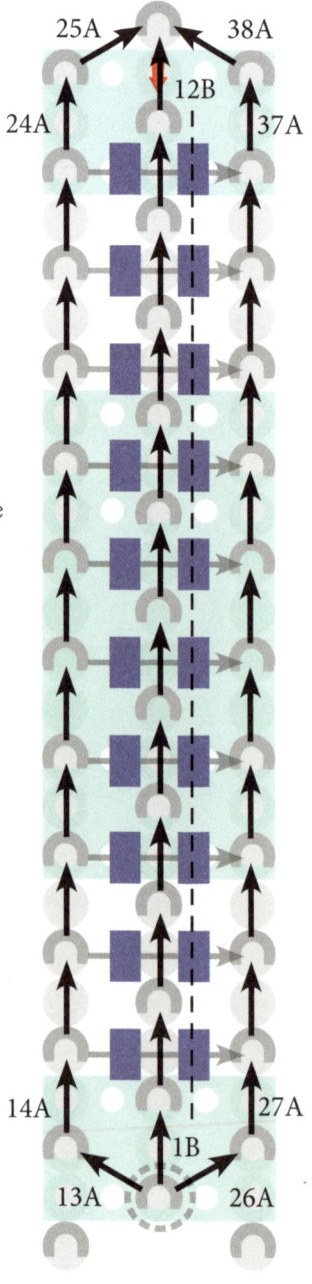

Tipps

Perlen mit einem Durchmesser von 6 bis 9 mm eignen sich am besten. Es können aber auch andere Perlen verwendet werden.

Eine 3,5 mm starke Häkelnadel kann dabei helfen, die Gummibänder durch die Perlen zu ziehen.

Ihr könnt die Gummibänder auch mithilfe einer Nylonschnur oder mit Zahnseide (mit Einfädelhilfe) durch die Perlen ziehen.

63

Regenbogenleiter-Armband
Fortgeschrittene

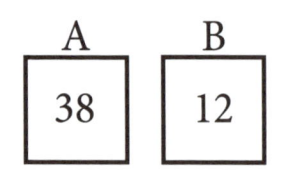

A	B
38	12

EINSPANNEN DER GUMMIBÄNDER

Schritt 1: Dreht den Loom so, dass der rote Pfeil von euch weg zeigt.

Schritt 2: Spannt die Gummibänder 1 bis 13 ein.

Schritt 3: Spannt die Gummibänder 14 bis 26 ein.

Schritt 4: Spannt die Gummibänder 27 bis 36 ein.

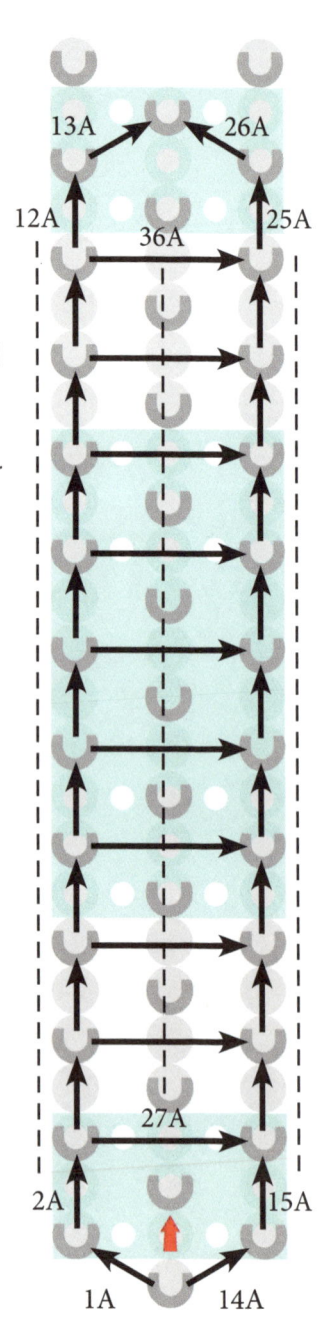

64

EINSPANNEN DER GUMMIBÄNDER

Schritt 5: Spannt die Gummibänder 1 bis 12 ein.

Schritt 6: Spannt auf den letzten Stift ein Endgummiband mit dem Farbcode „A" ein, wie in der Abbildung dargestellt. Siehe „Herstellung von Endgummibändern" auf Seite 16.

Endgummiband „A"

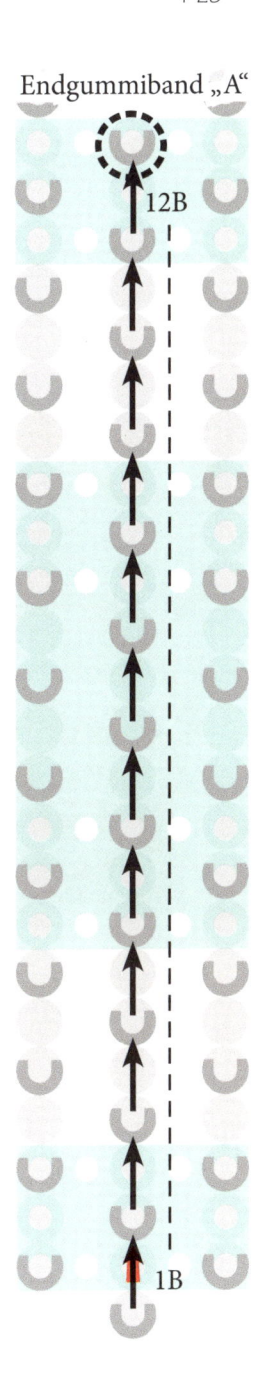

12B

1B

Zum Ausprobieren

Für den Regenbogeneffekt braucht ihr für die Gummibänder „B" jeweils 2 rote, orange, gelbe, grüne, blaue und lila Gummibänder. Spannt sie in der Reihenfolge R-O-GE-GR-B-L ein und wiederholt diese Reihenfolge R-O-GE-GR-B-L, damit sich ein Regenbogenstreifen ergibt.

Vertauscht die Farben! Spannt eure Gummibänder „A" in der Regenbogen-Reihenfolge ein und verwendet für eure Gummibänder „B" die schwarzen Gummibänder.

Regenbogenleiter-Armband
Fortgeschrittene

VERKNÜPFEN DER GUMMIBÄNDER

Schritt 7: Dreht den Loom so, dass der rote Pfeil zu euch zeigt.

Schritt 8: Verknüpft die Gummibänder 1 bis 12, wie in der Abbildung dargestellt.

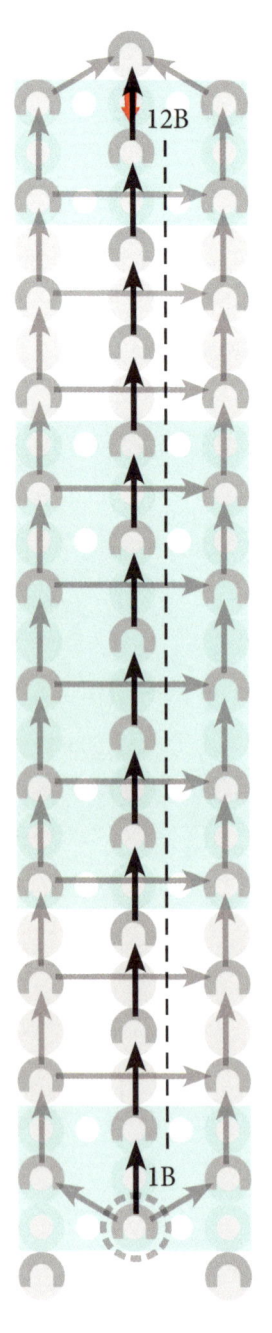

Regenbogenleiter-Armband
Fortgeschrittene

EINSPANNEN WEITERER GUMMIBÄNDER

Schritt 9: Spannt die Gummibänder 1 bis 10 ein, wie in der Abbildung dargestellt. Diese Gummibänder werden direkt auf die Gummibänder gelegt, die in Schritt 4 eingespannt wurden.

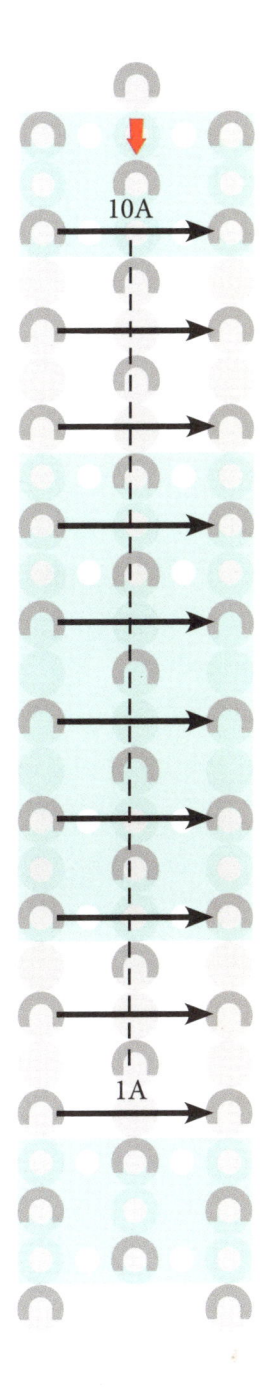

Regenbogenleiter-Armband
Fortgeschrittene

VERKNÜPFEN WEITERER GUMMIBÄNDER

Schritt 10: Verknüpft die Gummibänder 1 bis 13.

Schritt 11: Verknüpft die Gummibänder 14 bis 26.

Schritt 12: Endet mit einem Gummiband der Farbe „A" und geht zu „Fertigstellung eures Armbands" auf Seite 20.

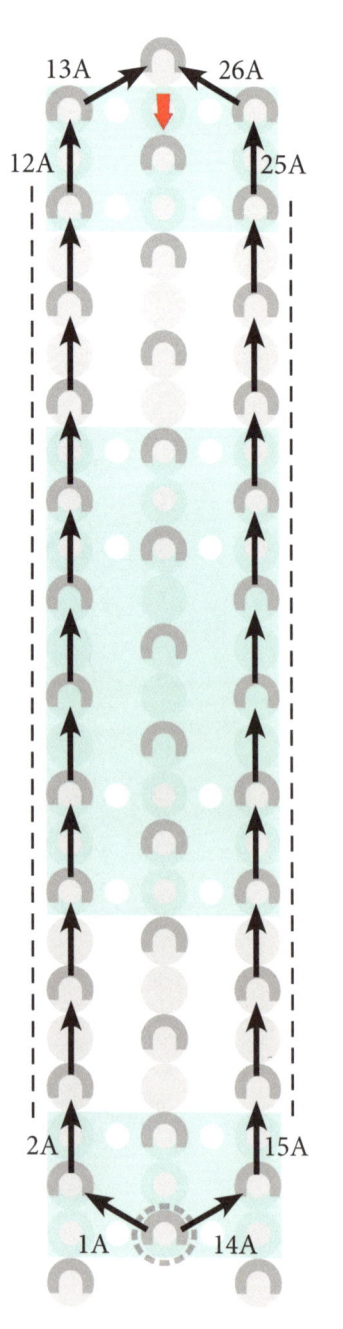

Reißverschlussketten-Armband
Fortgeschrittene

A	B	C
28	22	12

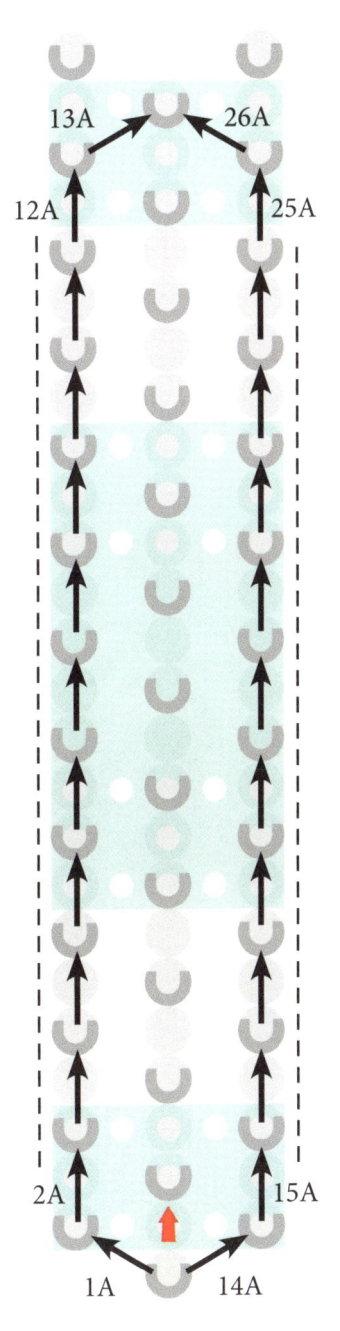

EINSPANNEN DER GUMMIBÄNDER

Schritt 1: Dreht den Loom so, dass der rote Pfeil von euch weg zeigt.

Schritt 2: Spannt die Gummibänder 1 bis 13 ein.

Schritt 3: Spannt die Gummibänder 14 bis 26 ein.

Reißverschlussketten-Armband
Fortgeschrittene

EINSPANNEN DER GUMMIBÄNDER

Schritt 4: Spannt die Gummibänder 1 bis 3 ein.

Schritt 5: Wiederholt dieses Muster bis zum Ende des Looms.

Schritt 6: Spannt auf den letzten Stift ein Endgummiband mit dem Farbcode „A" ein, wie in der Abbildung dargestellt. Siehe „Herstellung von Endgummibändern" auf Seite 16.

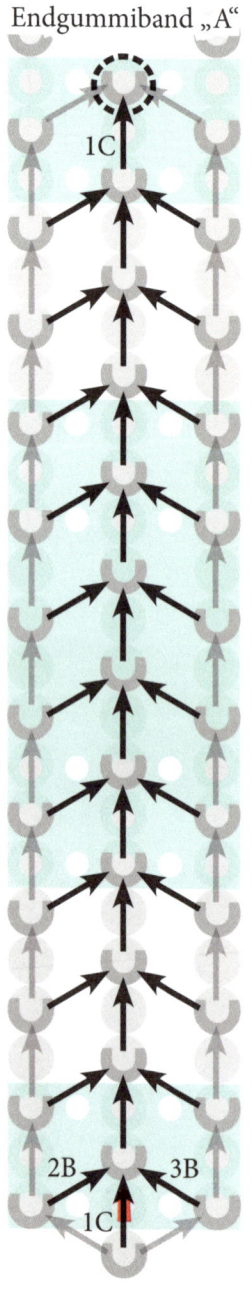

VERKNÜPFEN DER GUMMIBÄNDER

Schritt 7: Dreht den Loom so, dass der rote Pfeil zu euch zeigt.

Schritt 8: Verknüpft die Gummibänder 1 bis 5, wie in der nachfolgenden Abbildung dargestellt.

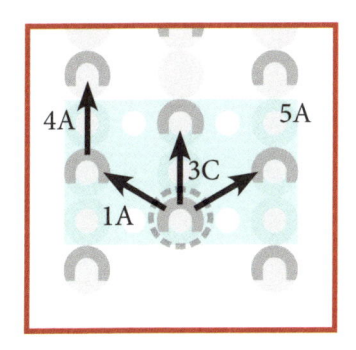

Schritt 9: Verknüpft die Gummibänder 1 bis 5, wie in der Abbildung rechts dargestellt.

Schritt 10: Wiederholt dieses Muster bis zum Ende des Looms. In der letzten Reihe werden die Gummibänder 4 und 5 zum mittleren Stift hin verknüpft.

Schritt 11: Endet mit einem Gummiband der Farbe „A" und geht zu „Fertigstellung eures Armbands" auf Seite 20.

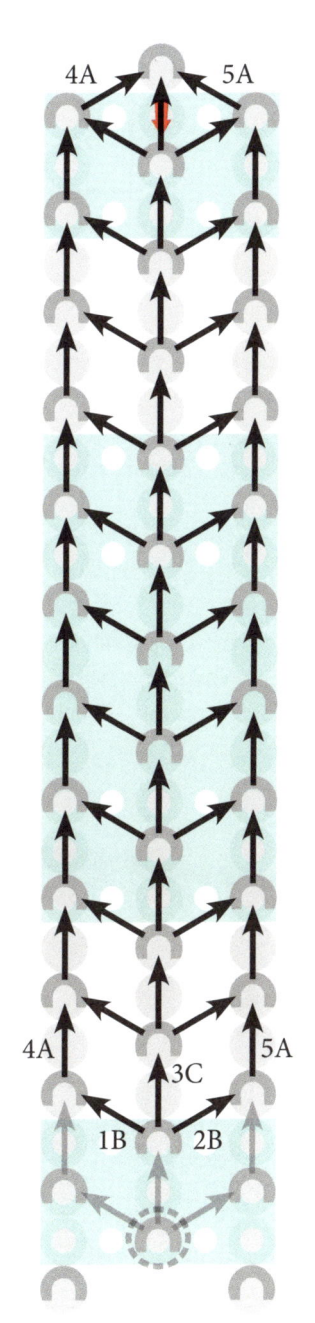

Urlaubs-Armband
Fortgeschrittene

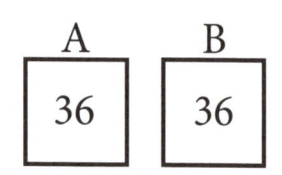

A	B
36	36

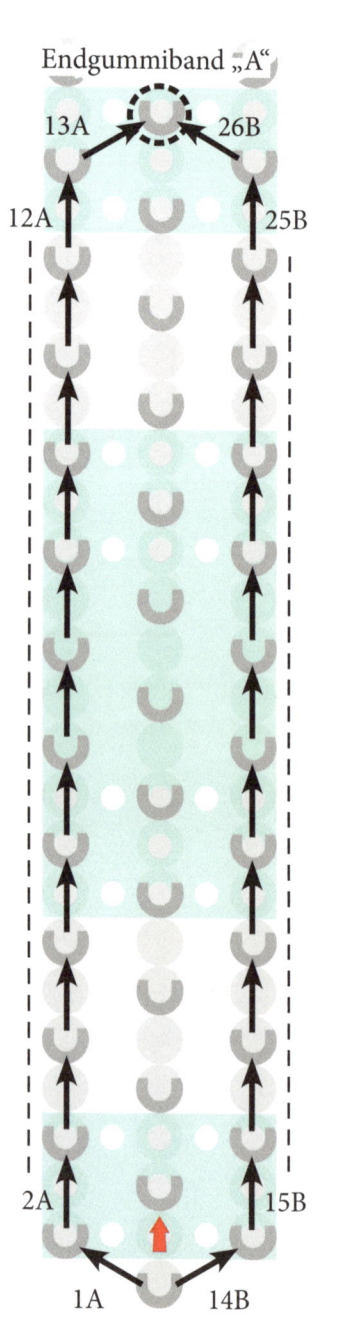

EINSPANNEN DER GUMMIBÄNDER

Schritt 1: Dreht den Loom so, dass der rote Pfeil von euch weg zeigt.

Schritt 2: Spannt die Gummibänder 1 bis 13 ein.

Schritt 3: Spannt die Gummibänder 14 bis 26 ein.

Schritt 4: Spannt auf den letzten Stift ein Endgummiband mit dem Farbcode „A" ein, wie in der Abbildung dargestellt. Siehe „Herstellung von Endgummibändern" auf Seite 16.

EINSPANNEN DER GUMMIBÄNDER

Schritt 5: Spannt die Gummibänder 1 bis 4 ein. Beachtet, dass abwechselnd die Gummibänder der Farben „A" und „B" verwendet werden. Es ist sehr wichtig, die Gummibänder in der richtigen Reihenfolge einzuspannen.

Schritt 6: Wiederholt dieses Muster bis zum Ende des Looms.

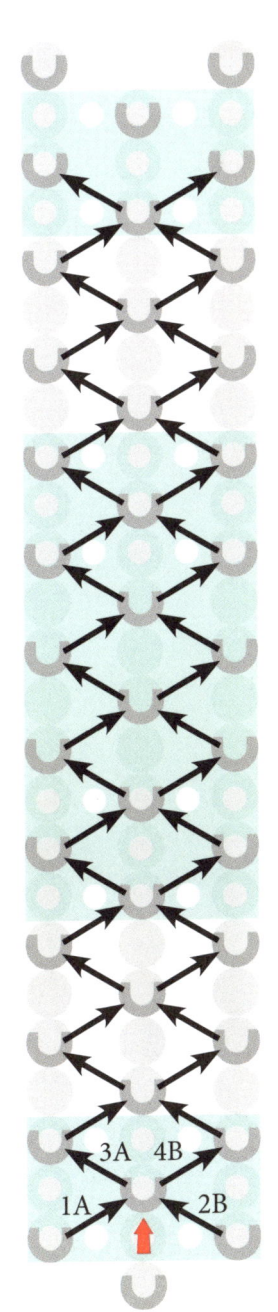

Urlaubs-Armband
Fortgeschrittene

VERKNÜPFEN DER GUMMIBÄNDER

Schritt 7: Dreht den Loom so, dass der rote Pfeil zu euch zeigt.

Schritt 8: Verknüpft die Gummibänder 1 bis 6.

Schritt 9: Wiederholt dieses Muster bis zum Ende des Looms.

Schritt 10: Endet mit einem Gummiband der Farbe „B" und geht zu „Fertigstellung eures Armbands" auf Seite 20.

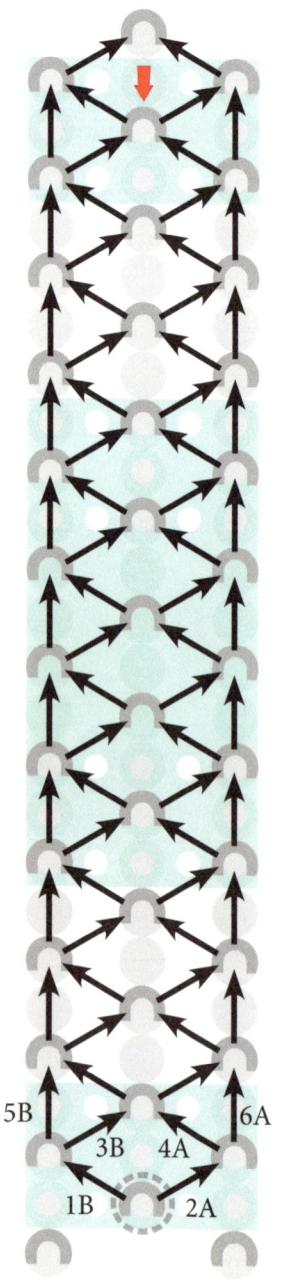

Liberty-Twist-Armband
Fortgeschrittene

A	B	C
28	22	22

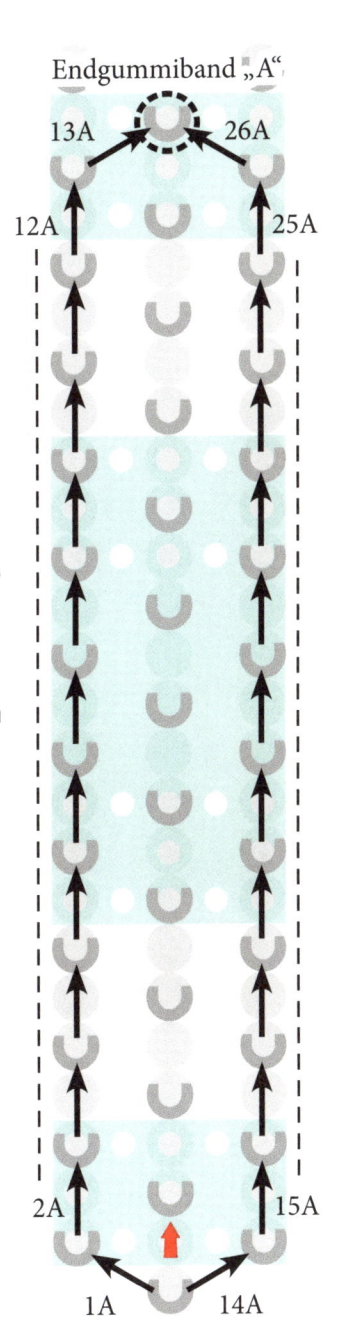

EINSPANNEN DER GUMMIBÄNDER

Schritt 1: Dreht den Loom so, dass der rote Pfeil von euch weg zeigt.

Schritt 2: Spannt die Gummibänder 1 bis 13 ein.

Schritt 3: Spannt die Gummibänder 14 bis 26 ein.

Schritt 4: Spannt auf den letzten Stift ein Endgummiband mit dem Farbcode „A" ein, wie in der Abbildung dargestellt. Siehe „Herstellung von Endgummibändern" auf Seite 16.

Liberty-Twist-Armband
Fortgeschrittene

EINSPANNEN DER GUMMIBÄNDER

Schritt 5: Spannt die Gummibänder 1 bis 4 ein.

Schritt 6: Wiederholt dieses Muster bis zum Ende des Looms.

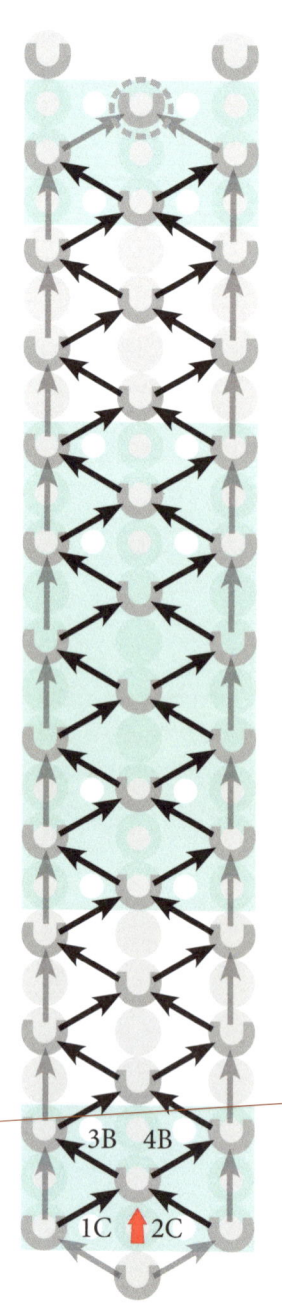

VERKNÜPFEN DER GUMMIBÄNDER

Schritt 7: Dreht den Loom so, dass der rote Pfeil zu euch zeigt.

Schritt 8: Verknüpft die Gummibänder 1 und 2, wie in der nachfolgenden Abbildung dargestellt.

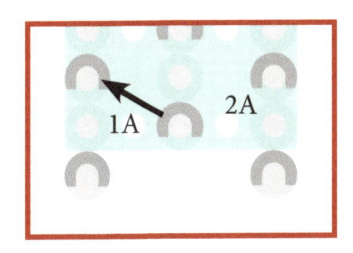

Schritt 9: Verknüpft die Gummibänder 1 bis 12, wie in der Abbildung rechts dargestellt.

Schritt 10: Wiederholt dieses Muster bis zum Ende des Looms. Bei der letzten Gruppe werden die Gummibänder 7 und 8 zum mittleren Stift hin verknüpft.

Schritt 11: Endet mit einem Gummiband der Farbe „A" und geht zu „Fertigstellung eures Armbands" auf Seite 20.

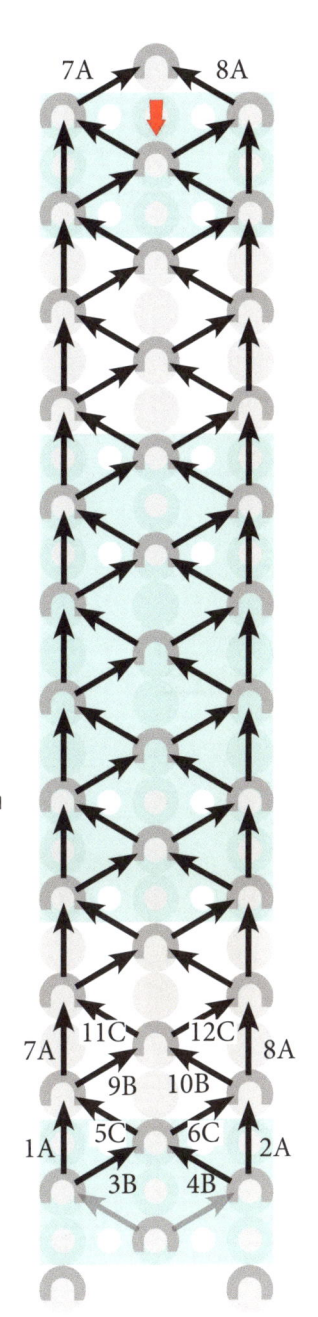

Teamgeist-Armband
Fortgeschrittene

A	B	C
28	24	20

Endgummiband „A"

EINSPANNEN DER GUMMIBÄNDER

Schritt 1: Dreht den Loom so, dass der rote Pfeil von euch weg zeigt.

Schritt 2: Spannt die Gummibänder 1 bis 13 ein.

Schritt 3: Spannt die Gummibänder 14 bis 26 ein.

Schritt 4: Spannt auf den letzten Stift ein Endgummiband mit dem Farbcode „A" ein, wie in der Abbildung dargestellt. Siehe „Herstellung von Endgummibändern" auf Seite 16.

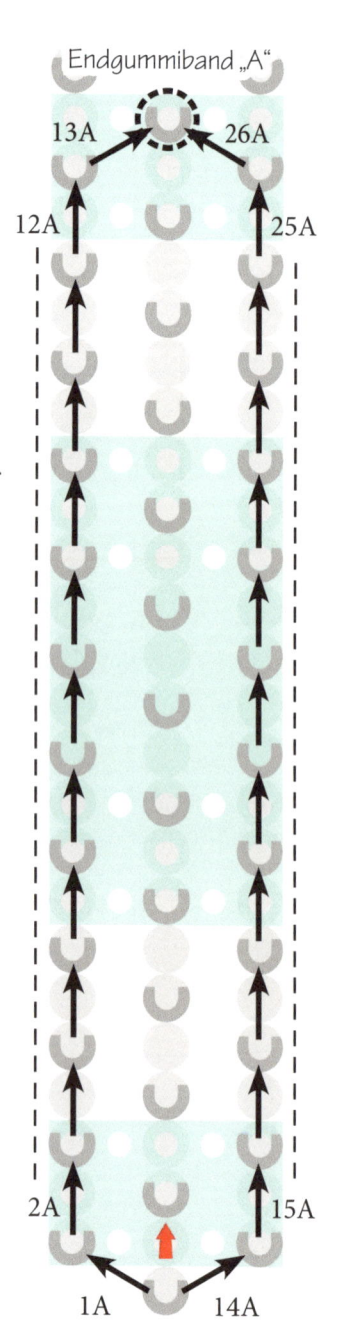

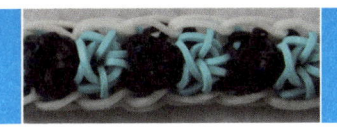

EINSPANNEN DER GUMMIBÄNDER

Schritt 5: Spannt die Gummibänder 1 bis 8 ein.

Schritt 6: Wiederholt dieses Muster bis zum Ende des Looms. Das Muster endet bei 3B - 4B, wie in der Abbildung dargestellt.

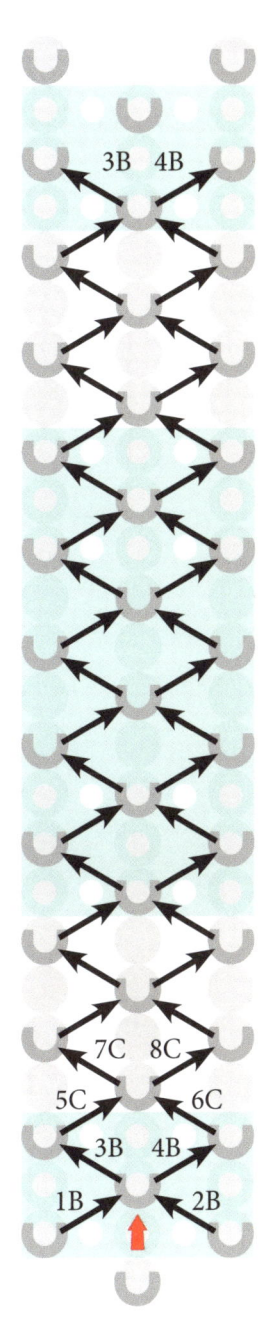

Teamgeist-Armband
Fortgeschrittene

VERKNÜPFEN DER GUMMIBÄNDER

Schritt 7: Dreht den Loom so, dass der rote Pfeil zu euch zeigt.

Schritt 8: Verknüpft die Gummibänder 1 und 2, wie in der nachfolgenden Abbildung dargestellt.

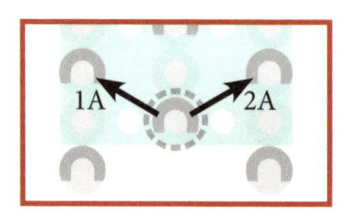

Schritt 9: Verknüpft die Gummibänder 1 bis 8, wie in der Abbildung rechts dargestellt.

Schritt 10: Wiederholt dieses Muster bis zum Ende des Looms. Das Muster endet bei 3B - 4B.

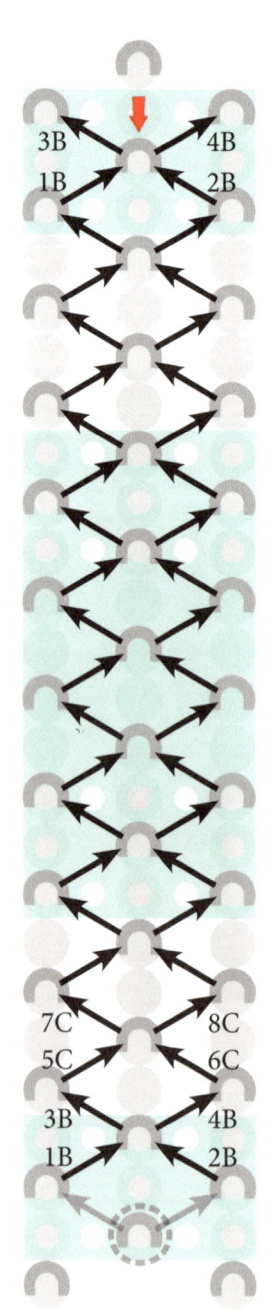

Teamgeist-Armband
Fortgeschrittene

VERKNÜPFEN DER GUMMIBÄNDER

Schritt 11: Verknüpft die Gummibänder 1 bis 12.

Schritt 12: Verknüpft die Gummibänder 13 bis 24.

Schritt 13: Endet mit einem Gummiband der Farbe „A" und geht zu „Fertigstellung eures Armbands" auf Seite 20.

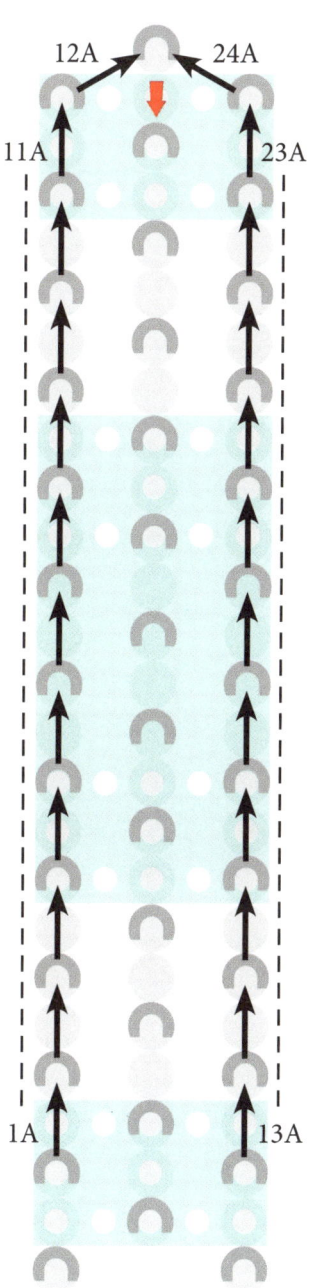

Zweifach-Vorwärts-Rhombus-Armband
Fortgeschrittene

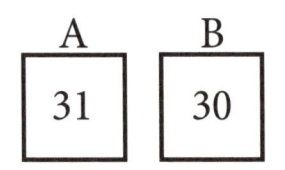

A	B
31	30

EINSPANNEN DER GUMMIBÄNDER

Schritt 1: Dreht den Loom so, dass der rote Pfeil von euch weg zeigt.

Schritt 2: Spannt die Gummibänder 1 und 2 ein, wie in der Abbildung dargestellt.

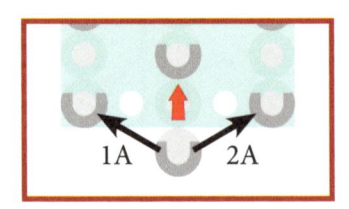

Schritt 3: Spannt die Gummibänder 1 bis 10 ein.

Schritt 4: Wiederholt das Muster noch viermal.

Schritt 5: Spannt am Ende des Looms die Gummibänder 1 bis 7 ein.

Schritt 6: Spannt auf den letzten Stift ein Endgummiband mit dem Farbcode „A" ein, wie in der Abbildung dargestellt. Siehe „Herstellung von Endgummibändern" auf Seite 16.

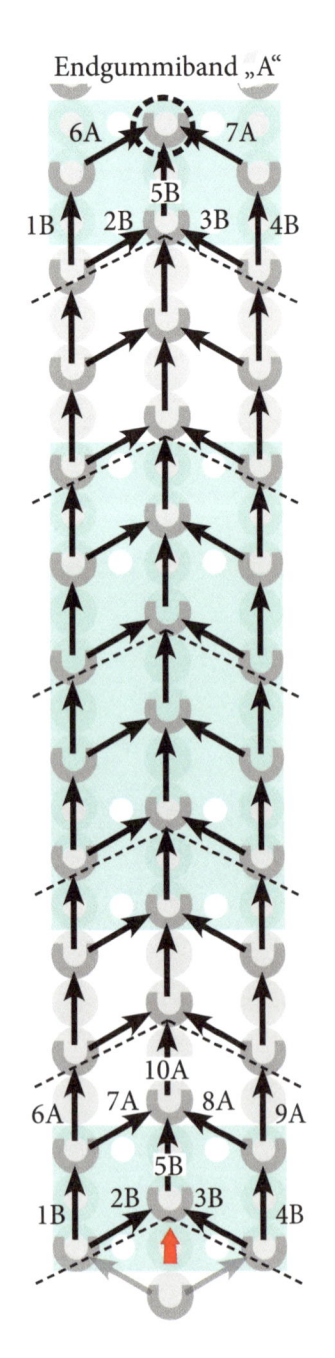

82

VERKNÜPFEN DER GUMMIBÄNDER

Schritt 7: Dreht den Loom so, dass der rote Pfeil zu euch zeigt.

Schritt 8: Verknüpft die Gummibänder 1 bis 10.

Schritt 9: Wiederholt das Muster noch viermal.

Schritt 10: Verknüpft am Ende des Looms die Gummibänder 1 bis 9, wie in der Abbildung dargestellt.

Schritt 11: Endet mit einem Gummiband der Farbe „A" und geht zu „Fertigstellung eures Armbands" auf Seite 20.

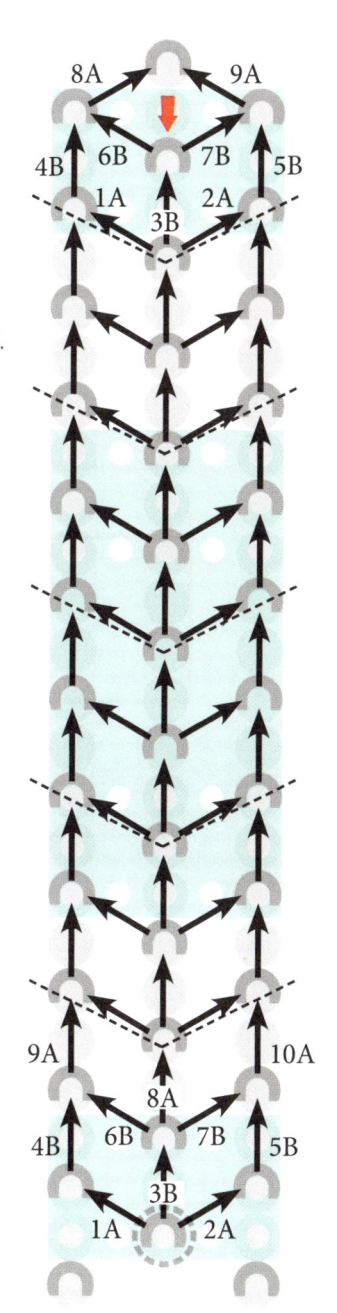

Zweifach-Rückwärts-Rhombus-Armband
Fortgeschrittene

A	B	C
22	12	28

Endgummiband „C"

EINSPANNEN DER GUMMIBÄNDER

Schritt 1: Dreht den Loom so, dass der rote Pfeil von euch weg zeigt.

Schritt 2: Spannt die Gummibänder 1 bis 3 ein, wie in der nachfolgenden Abbildung dargestellt.

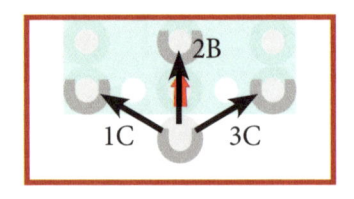

Schritt 3: Spannt die Gummibänder 1 bis 5 ein, wie in der Abbildung rechts dargestellt.

Schritt 4: Wiederholt dieses Muster bis zum Ende des Looms.

Schritt 5: Spannt am Ende des Looms die Gummibänder 1 und 2 ein.

Schritt 6: Spannt auf den letzten Stift ein Endgummiband mit dem Farbcode „C" ein, wie in der Abbildung dargestellt. Siehe „Herstellung von Endgummibändern" auf Seite 16.

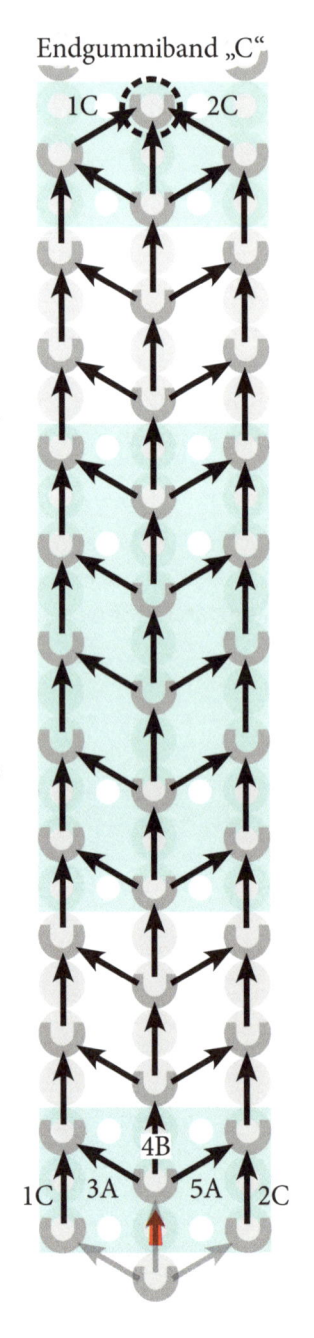

VERKNÜPFEN DER GUMMIBÄNDER

Schritt 7: Dreht den Loom so, dass der rote Pfeil zu euch zeigt.

Schritt 8: Verknüpft die Gummibänder 1 bis 5, wie in der nachfolgenden Abbildung dargestellt.

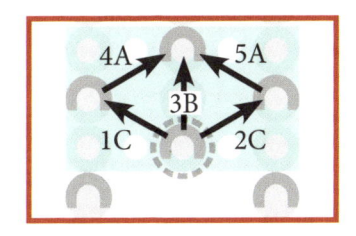

Schritt 9: Verknüpft die Gummibänder 1 bis 5, wie in der Abbildung rechts dargestellt.

Schritt 10: Wiederholt dieses Muster bis zum Ende des Looms.

Schritt 11: Endet mit einem Gummiband der Farbe „C" und geht zu „Fertigstellung eures Armbands" auf Seite 20.

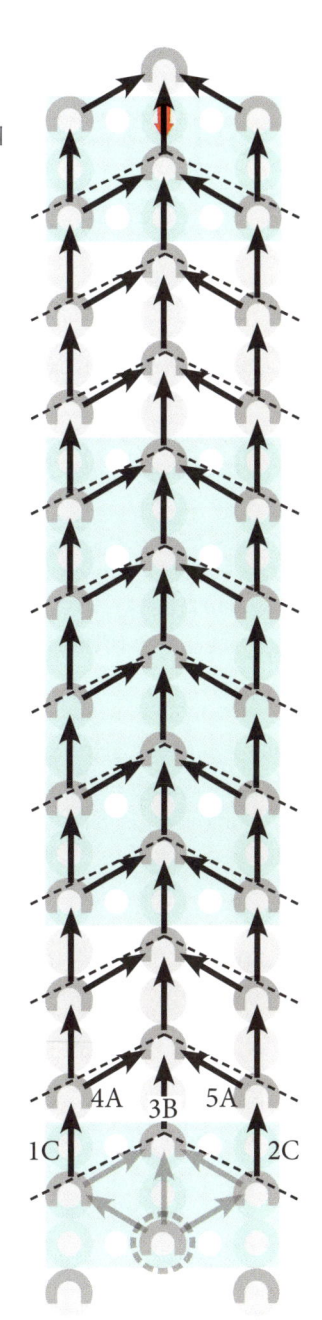

Tulpen-Armband
Fortgeschrittene

A		B	C
30	oder jeweils 5 Stk. in 6 Farben	7	5

Endgummiband „B"

EINSPANNEN DER GUMMIBÄNDER

Schritt 1: Dreht den Loom so, dass der rote Pfeil von euch weg zeigt.

Schritt 2: Spannt die Gummibänder 1 bis 7 ein.

Schritt 3: Wiederholt das Muster für die restlichen 5 Tulpen. Für die letzte Tulpe werden die Gummibänder 6 und 7 nicht benötigt, da sie vor dem letzten Stift des Looms fertiggestellt ist.

Schritt 4: Spannt auf den letzten Stift ein Endgummiband mit dem Farbcode „B" ein, wie in der Abbildung dargestellt. Siehe „Herstellung von Endgummibändern" auf Seite 16.

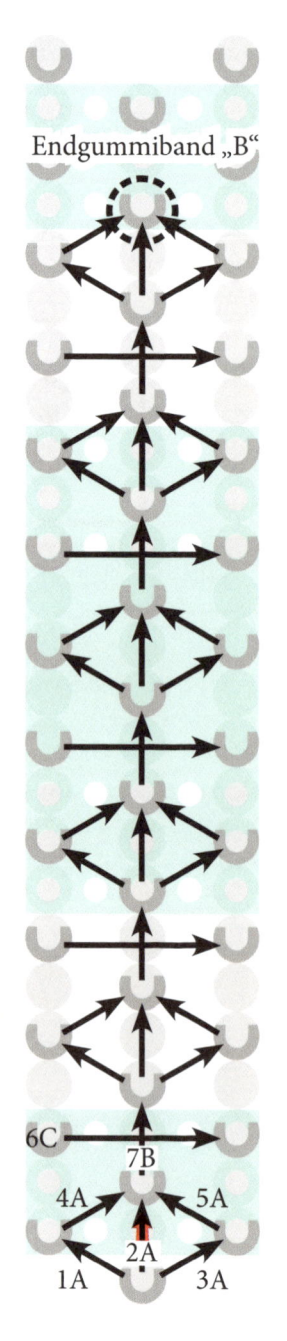

6C
7B
4A 5A
1A 2A 3A

VERKNÜPFEN DER GUMMIBÄNDER

Schritt 5: Dreht den Loom so, dass der rote Pfeil zu euch zeigt.

Schritt 6: Verknüpft die Gummibänder 1 bis 8 (siehe **Hinweis**).

Schritt 7: Wiederholt dieses Muster bis zum Ende des Looms.

Schritt 8: Endet mit einem Gummiband der Farbe „B" und geht zu „Fertigstellung eures Armbands" auf Seite 20.

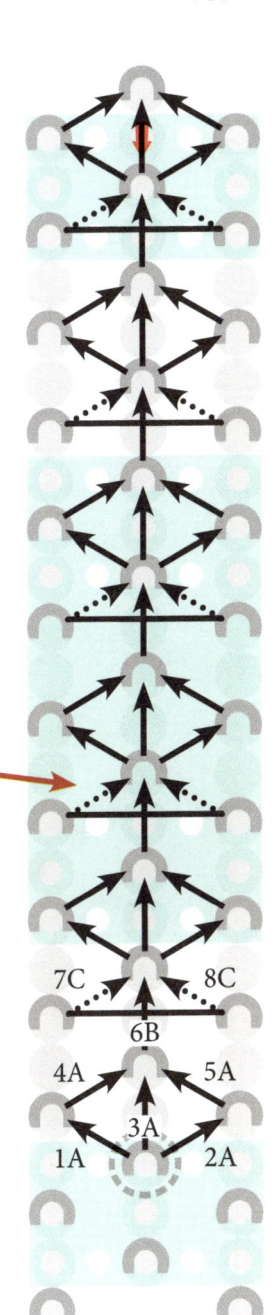

Hinweis

Die gestrichelten Linien 7 und 8 sind die Enden desselben Gummibands, das zum mittleren Stift gezogen wird.

Verknüpfen des Tulpen-Armbands

1-63

87

Ring mit verkreuztem Sechseck
Fortgeschrittene

A	B	C	D
4	6	2	2

EINSPANNEN DER GUMMIBÄNDER

Schritt 1: Dreht den Loom so, dass der rote Pfeil von euch weg zeigt.

Schritt 2: Spannt die Gummibänder 1 bis 14 ein.

VERKNÜPFEN DER GUMMIBÄNDER

Schritt 3: Dreht den Loom so, dass der rote Pfeil zu euch zeigt.

Schritt 4: Verknüpft die Gummibänder 1 bis 13 und haltet euch dabei an die Abbildung rechts.

Schritt 5: Bringt einen C-Clip an und führt die Enden zusammen, damit ein Ring entsteht. Passt ggf. die Ringgröße an.

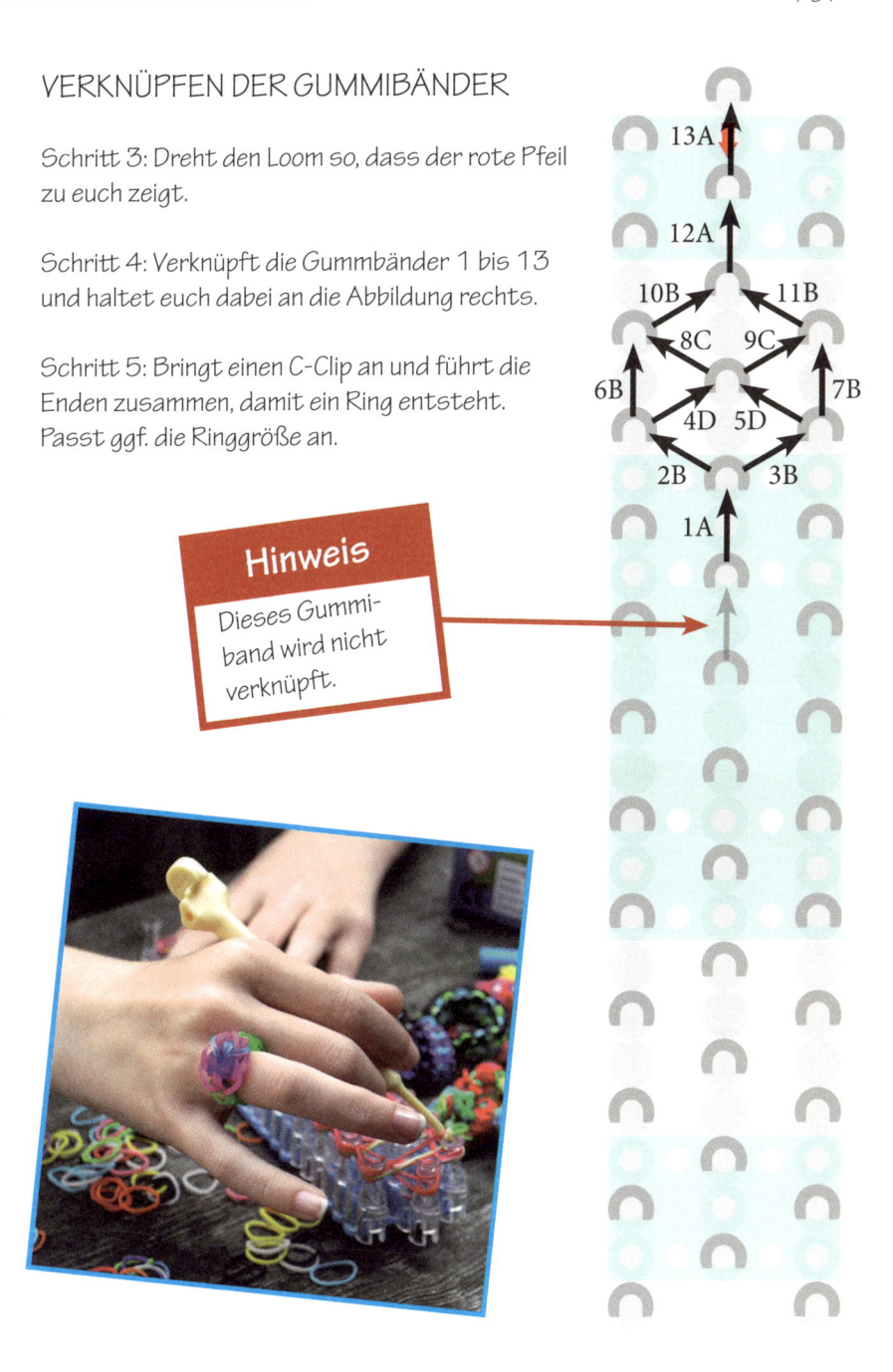

Hinweis

Dieses Gummiband wird nicht verknüpft.

89

Schmetterlings-Blütenring
Fortgeschrittene

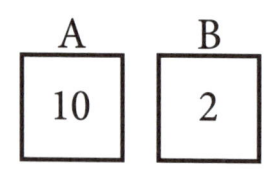

A	B
10	2

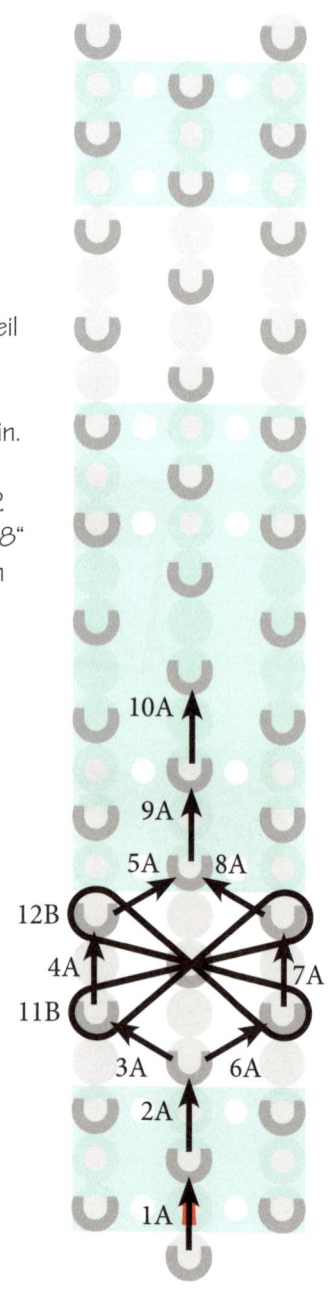

EINSPANNEN DER GUMMIBÄNDER

Schritt 1: Dreht den Loom so, dass der rote Pfeil von euch weg zeigt.

Schritt 2: Spannt die Gummibänder 1 bis 10 ein.

Schritt 3: Spannt die Gummibänder 11 und 12 ein. Vor dem Einspannen müsst ihr sie zu einer „8" verdrehen. Diese beiden Gummibänder erzeugen ein „X".

Hinweis

Die Gummibänder 11 und 12 könnt ihr beim Ziehen entweder auf den mittleren Stift legen oder an jeder Seite des mittleren Stifts vorbeiführen.

90

VERKNÜPFEN DER GUMMIBÄNDER

Schritt 4: Dreht den Loom so, dass der rote Pfeil zu euch zeigt.

Schritt 5: Verknüpft die Gummibänder 1 bis 9. Siehe den untenstehenden Hinweis.

Schritt 6: Bringt einen C-Clip an und führt die Enden zusammen, damit ein Ring entsteht. Passt ggf. die Ringgröße an.

Hinweis

Dieses Gummiband wird nicht verknüpft.

Hinweis

Achtet darauf, dass ihr die Gummibänder durch die Enden der 8 führt. Wenn ihr das untere „A"-Gummiband hochheben wollt, verwendet die Rückseite des Hakens, um die 8 wegzuheben.

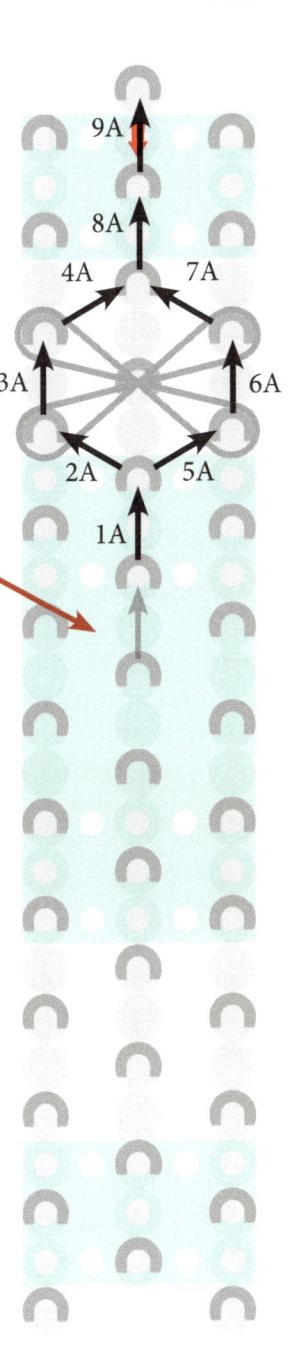

Sweetheart-Armband
Fortgeschrittene

A	B	C
24	24	14

Endgummiband „C"

EINSPANNEN DER GUMMIBÄNDER

Schritt 1: Baut den Loom von einer „versetzten" in eine „rechteckige" Konfiguration um. Wie das geht, erfahrt ihr unter „Loom-Konfigurationen" auf Seite 192.

Schritt 2: Dreht den Loom so, dass der rote Pfeil von euch weg zeigt.

Schritt 3: Spannt die Gummibänder 1 bis 5 ein. Bei diesem Design dürft ihr die Gummibänder auf den Stiften nicht nach unten schieben; es wird sonst schwierig, die Gummibänder zu verknüpfen.

Schritt 4: Wiederholt dieses Muster bis zum Ende des Looms.

Schritt 5: Spannt auf den letzten Stift ein Endgummiband mit dem Farbcode „C" ein, wie in der Abbildung dargestellt. Siehe „Herstellung von Endgummibändern" auf Seite 16.

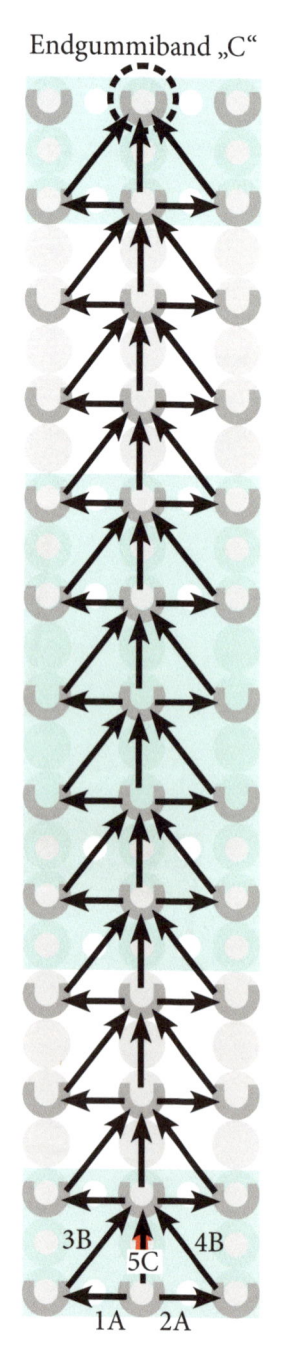

VERKNÜPFEN DER GUMMIBÄNDER

Schritt 6: Dreht den Loom so, dass der rote Pfeil zu euch zeigt.

Schritt 7: Verknüpft die Gummibänder 1 bis 5.

Schritt 8: Wiederholt dieses Muster bis zum Ende des Looms.

Schritt 9: Endet mit einem Gummiband der Farbe „C" und geht zu „Fertigstellung eures Armbands" auf Seite 20.

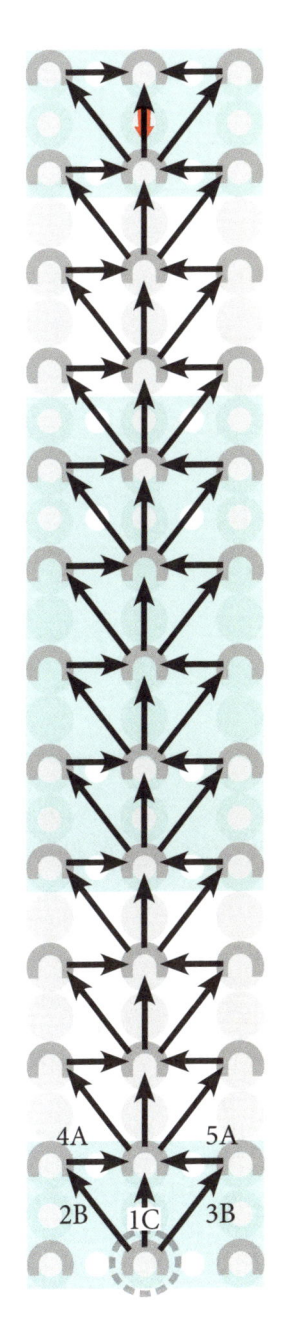

Herz-Armband
Fortgeschrittene

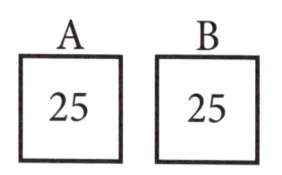

A	B
25	25

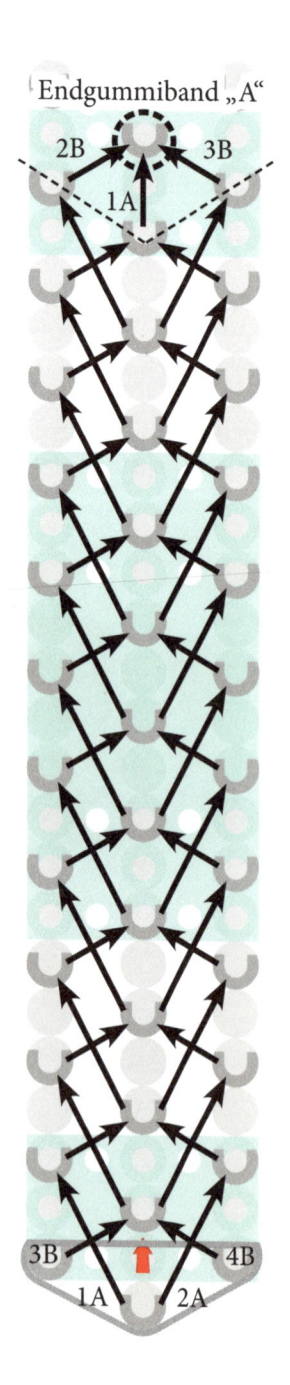

EINSPANNEN DER GUMMIBÄNDER

Schritt 1: Dreht den Loom so, dass der rote Pfeil von euch weg zeigt.

Schritt 2: Spannt das Gummiband 1, wie in der nachfolgenden Abbildung dargestellt.

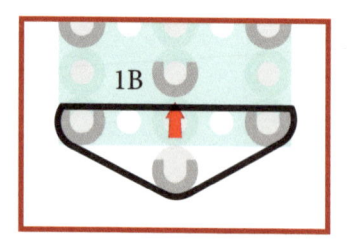

Schritt 3: Spannt die Gummibänder 1 bis 4 ein, wie in der Abbildung rechts dargestellt.

Schritt 4: Wiederholt dieses Muster bis zur vorletzten Reihe. Stoppt an der gestrichelten Linie.

Schritt 5: Spannt die Gummibänder 1 bis 3 ein, wie oberhalb der gestrichelten Linie dargestellt.

Schritt 6: Spannt auf den letzten Stift ein Endgummiband mit dem Farbcode „A" ein, wie in der Abbildung dargestellt. Siehe „Herstellung von Endgummibändern" auf Seite 16.

VERKNÜPFEN DER GUMMIBÄNDER

Schritt 7: Dreht den Loom so, dass der rote Pfeil zu euch zeigt.

Schritt 8: Verknüpft die Gummibänder 1 bis 3 am Anfang des Looms, wie nachfolgend dargestellt.

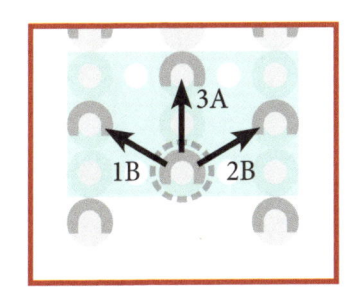

Schritt 9: Verknüpft die Gummibänder 1 bis 4, wie in der Abbildung rechts dargestellt.

Schritt 10: Wiederholt dieses Muster bis zum Ende des Looms.

Schritt 11: Zieht die Ecken des rechteckigen Gummibands zum mittleren Stift, wie anhand der gestrichelten Linie Pfeile 1B und 2B dargestellt.

Schritt 12: Endet mit einem Gummiband der Farbe „B" und geht zu „Fertigstellung eures Armbands" auf Seite 20.

Serpentinen-Armband
Fortgeschrittene

A	B	C	D
12	14	12	12

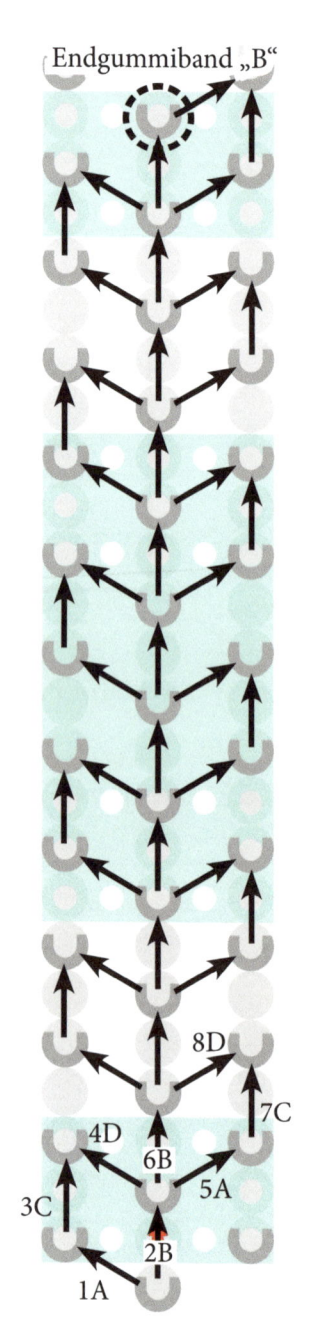

EINSPANNEN DER GUMMIBÄNDER

Schritt 1: Dreht den Loom so, dass der rote Pfeil von euch weg zeigt.

Schritt 2: Spannt die Gummibänder 1 bis 8 ein.

Schritt 3: Wiederholt dieses Muster bis zum Ende des Looms.

Schritt 4: Spannt auf den letzten Stift ein Endgummiband mit dem Farbcode „B" ein, wie in der Abbildung dargestellt. Siehe „Herstellung von Endgummibändern" auf Seite 16.

VERKNÜPFEN DER GUMMIBÄNDER

Schritt 5: Dreht den Loom so, dass der rote Pfeil zu euch zeigt.

Schritt 6: Verknüpft die Gummibänder 1 bis 8.

Schritt 7: Wiederholt dieses Muster bis zum Ende des Looms.

Schritt 8: Endet mit einem Gummiband der Farbe „B" und geht zu „Fertigstellung eures Armbands" auf Seite 20.

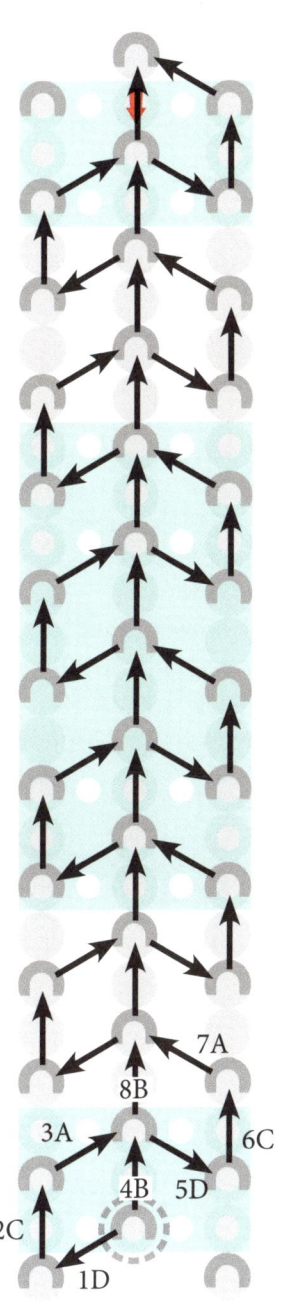

97

Schmetterlings-Blütenarmband
Fortgeschrittene

A	B	C	D
38	4	4	4

EINSPANNEN DER GUMMIBÄNDER

Schritt 1: Dreht den Loom so, dass der rote Pfeil von euch weg zeigt.

Schritt 2: Spannt die Gummibänder 1 bis 6 ein.

Schritt 3: Wiederholt dieses Muster bis zum Ende des Looms.

Schritt 4: Spannt auf den letzten Stift ein Endgummiband mit dem Farbcode „A" ein, wie in der Abbildung dargestellt. Siehe „Herstellung von Endgummibändern" auf Seite 16.

Zum Ausprobieren
Wählt für jede Wabe eine andere Farbe.

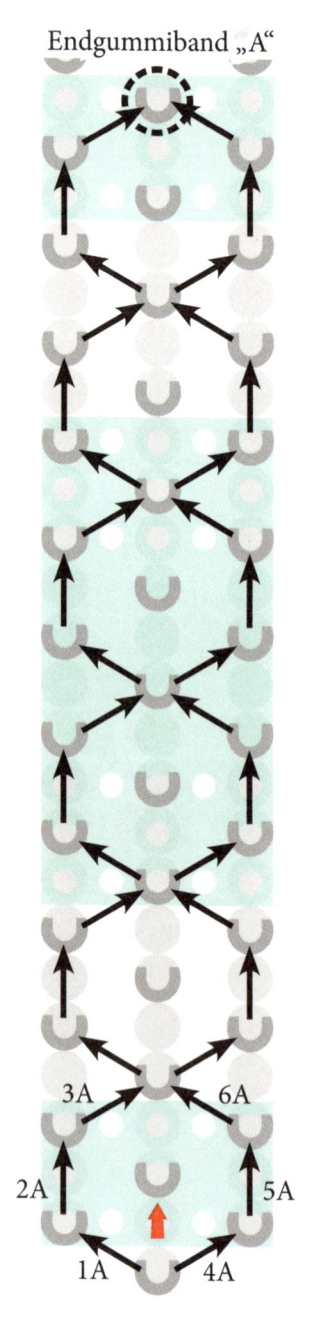

Endgummiband „A"

3A 6A
2A 5A
1A 4A

98

EINSPANNEN DER GUMMIBÄNDER

Schritt 5: Spannt die Gummibänder 1 bis 6 ein. Die einzelnen Gummibänder müsst ihr in Form einer 8 spannen, wie abgebildet. Beachtet, dass beim Spannen immer eine Stiftreihe ausgelassen wird.

Hinweis

Wenn ihr die Gummibänder in Form einer 8 einspannt, könnt ihr die Gummibänder entweder auf den mittleren Stift legen oder an jeder Seite des mittleren Stifts vorbeiführen.

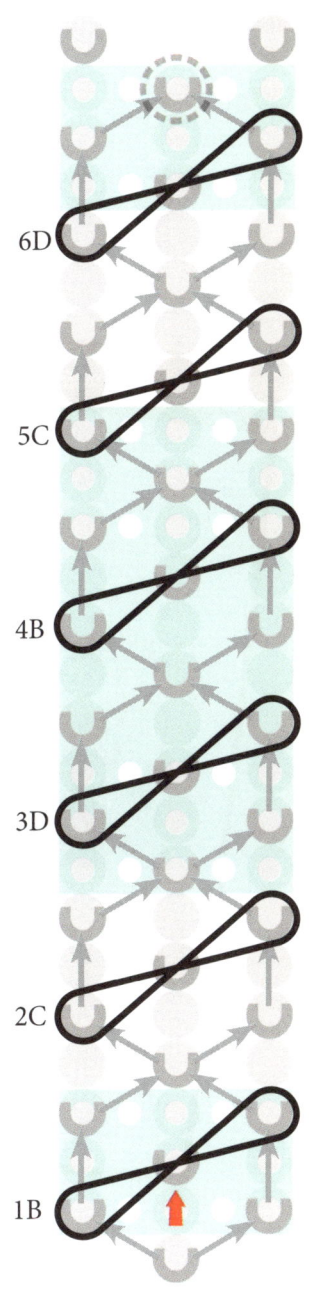

6D
5C
4B
3D
2C
1B

99

Schmetterlings-Blütenarmband
Fortgeschrittene

EINSPANNEN DER GUMMIBÄNDER

Schritt 6: Spannt die Gummibänder 1 bis 6 ein. Die einzelnen Gummibänder müsst ihr in Form einer 8 spannen, wie abgebildet. Mit diesem Gummibandset formt ihr innerhalb eines jeden Sechsecks ein „X".

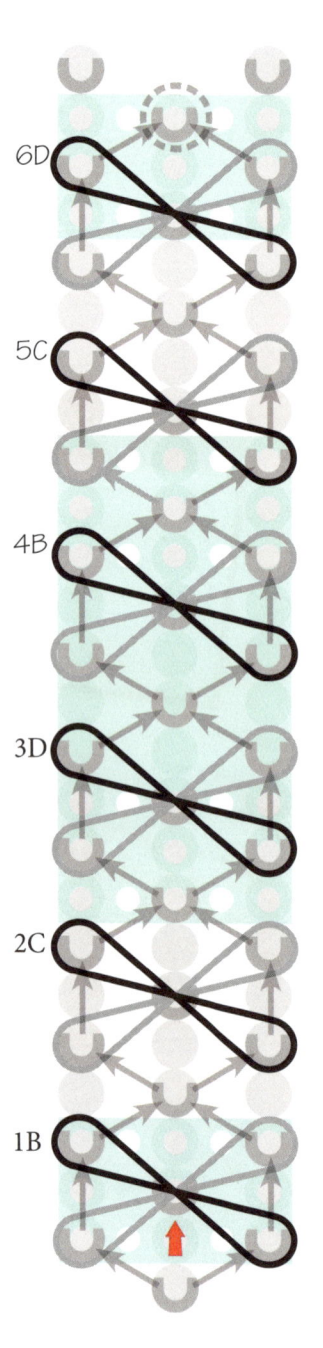

Hinweis

Beachtet, wie die orangen und blauen Gummibänder in Form einer 8 eingespannt wurden und nun über dem mittleren Stift ein „X" bilden.

Schmetterlings-Blütenarmband
Fortgeschrittene

VERKNÜPFEN DER GUMMIBÄNDER

Schritt 7: Dreht den Loom so, dass der rote Pfeil zu euch zeigt.

Schritt 8: Verknüpft die Gummibänder 1 bis 6. Siehe den nachfolgenden **Hinweis**.

Schritt 9: Wiederholt dieses Muster bis zum Ende des Looms.

Schritt 10: Endet mit einem Gummiband der Farbe „A" und geht zu „Fertigstellung eures Armbands" auf Seite 20.

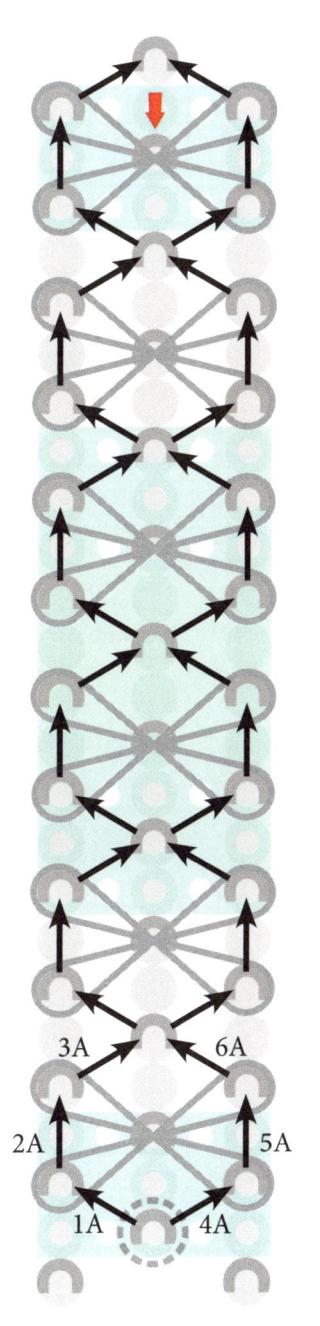

Hinweis

Achtet darauf, dass ihr die Gummibänder durch die Enden der 8 führt. Wenn ihr das untere „A"-Gummiband hochheben wollt, verwendet die Rückseite des Hakens, um die 8 wegzuheben.

Diamant-Armband mit Ringen
Fortgeschrittene

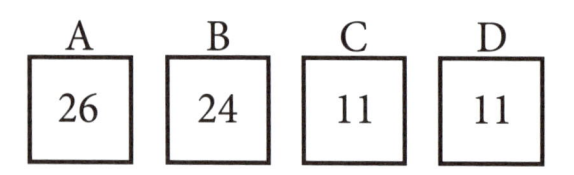

A	B	C	D
26	24	11	11

EINSPANNEN DER GUMMIBÄNDER

Schritt 1: Dreht den Loom so, dass der rote Pfeil von euch weg zeigt.

Schritt 2: Spannt die Gummibänder 1 bis 8 ein.

Schritt 3: Wiederholt dieses Muster bis zum Ende des Looms.

Schritt 4: Spannt auf den letzten Stift ein Endgummiband mit dem Farbcode „A" ein, wie in der Abbildung dargestellt. Siehe „Herstellung von Endgummibändern" auf Seite 16.

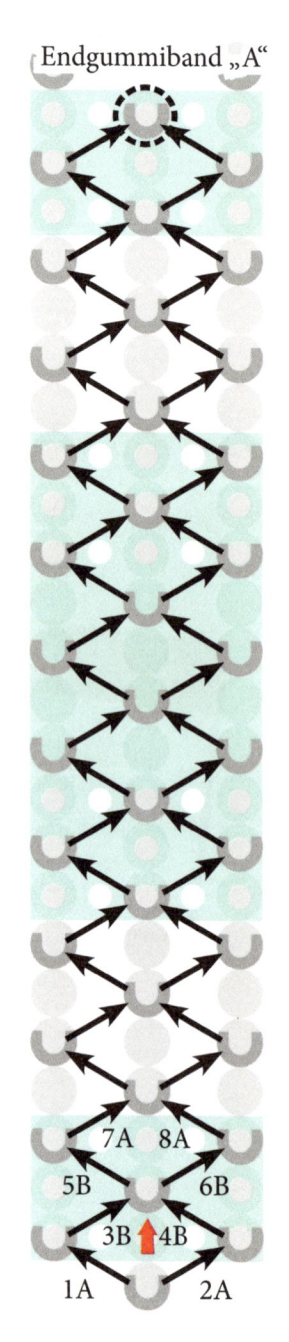

EINSPANNEN DER GUMMIBÄNDER

Schritt 5: Spannt die Gummibänder 1 bis 11 ein. Hier seht ihr, wie diese Gummibänder über drei Stifte gespannt werden und so ein Dreieck bilden.

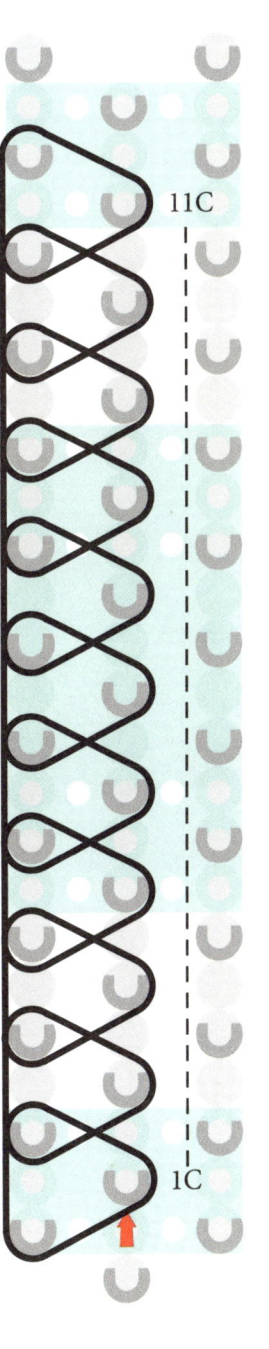

11C

1C

Diamant-Armband mit Ringen
Fortgeschrittene

EINSPANNEN DER GUMMIBÄNDER

Schritt 6: Spannt die Gummibänder 1 bis 11 ein, wie in der Abbildung zu sehen ist.

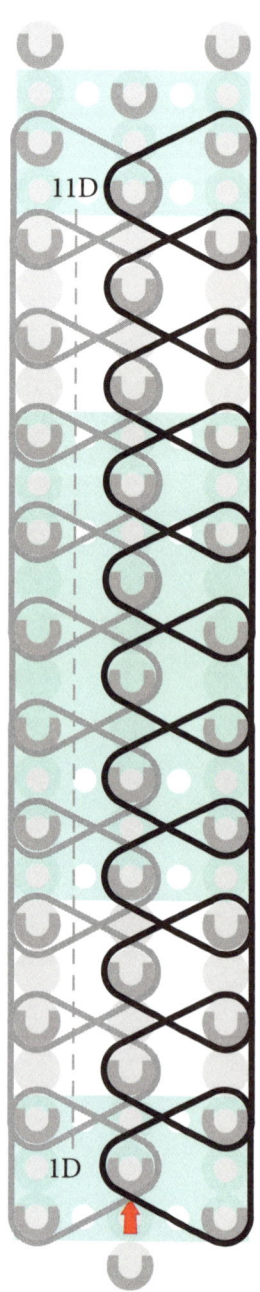

Diamant-Armband mit Ringen
Fortgeschrittene

VERKNÜPFEN DER GUMMIBÄNDER

Schritt 7: Dreht den Loom so, dass der rote Pfeil zu euch zeigt.

Schritt 8: Verknüpft die Gummibänder 1 bis 8. Ihr dürft nicht die Dreieck-Gummibänder miteinander verknüpfen, sondern müsst die Gummibänder 1 bis 8 durch den Kanal ziehen.

Schritt 9: Wiederholt dieses Muster bis zum Ende des Looms.

Schritt 10: Endet mit einem Gummiband der Farbe „A" und geht zu „Fertigstellung eures Armbands" auf Seite 20.

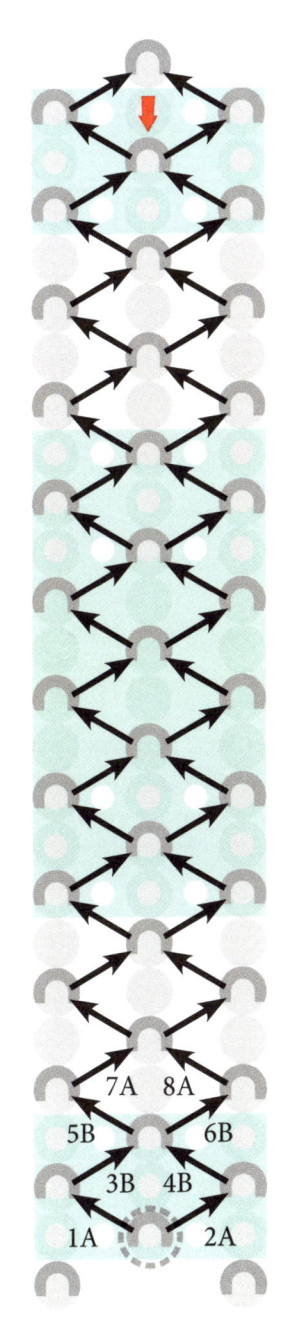

Dreifach-Armband mit Ringen
Fortgeschrittene

A	B	C
28	23	22

EINSPANNEN DER GUMMIBÄNDER

Schritt 1: Dreht den Loom so, dass der rote Pfeil von euch weg zeigt.

Schritt 2: Spannt die Gummibänder 1 bis 13 ein.

Schritt 3: Spannt die Gummibänder 14 bis 26 ein.

Schritt 4: Spannt die Gummibänder 27 bis 38 ein.

Schritt 5: Spannt auf den letzten Stift ein Endgummiband mit dem Farbcode „A" ein, wie in der Abbildung dargestellt. Siehe „Herstellung von Endgummibändern" auf Seite 16.

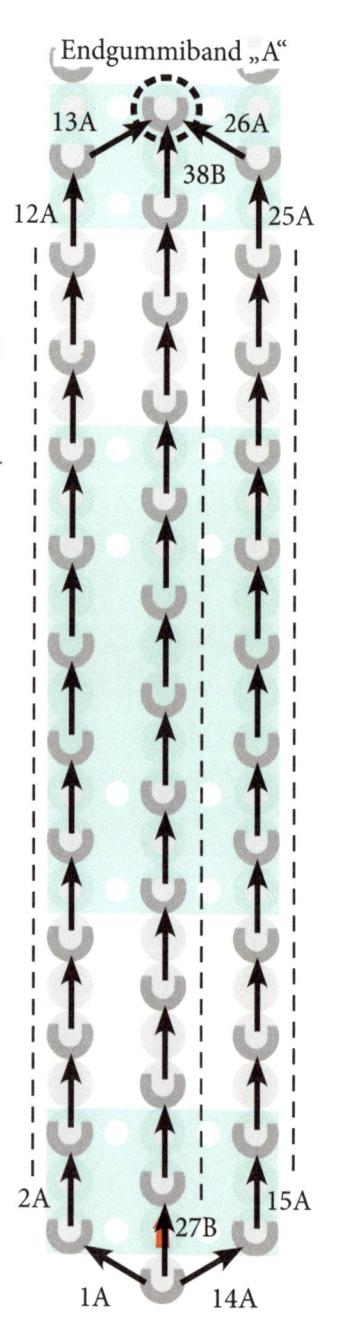

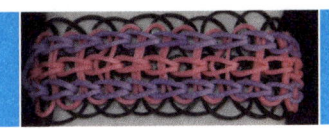

EINSPANNEN DER GUMMIBÄNDER

Schritt 6: Spannt die Gummibänder 1 bis 11 ein. Hier seht ihr, wie diese Gummibänder über drei Stifte gespannt werden und so ein Dreieck bilden.

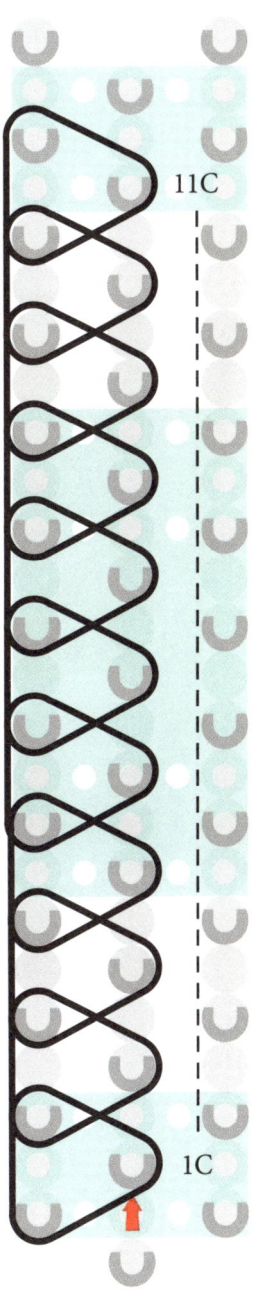

11C

1C

Dreifach-Armband mit Ringen
Fortgeschrittene

EINSPANNEN DER GUMMIBÄNDER

Schritt 7: Spannt die Gummibänder 1 bis 11 ein, wie in der Abbildung zu sehen ist.

Dreifach-Armband mit Ringen
Fortgeschrittene

EINSPANNEN DER GUMMIBÄNDER

Schritt 8: Schiebt alle Gummibänder an den Stiften nach unten, damit oben noch Platz für weitere Gummibänder ist.

Schritt 9: Spannt die Gummibänder 1 bis 11 ein. Hier seht ihr, wie diese Gummibänder über drei Stifte gespannt wurden und so ein Dreieck bilden.

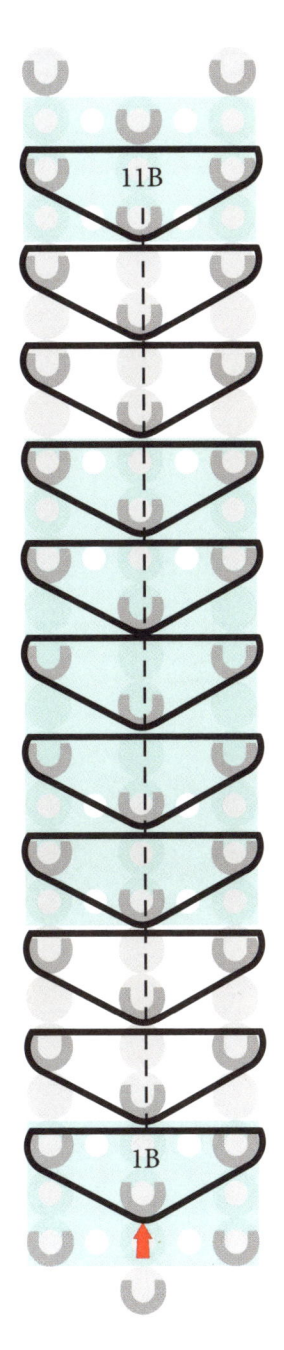

Dreifach-Armband mit Ringen
Fortgeschrittene

VERKNÜPFEN DER GUMMIBÄNDER

Schritt 10: Dreht den Loom so, dass der rote Pfeil zu euch zeigt.

Schritt 11: Verknüpft die Gummibänder 1 bis 12.

Schritt 12: Verknüpft die Gummibänder 13 bis 25.

Schritt 13: Verknüpft die Gummibänder 26 bis 38.

Schritt 14: Endet mit einem Gummiband der Farbe „A" und geht zu „Fertigstellung eures Armbands" auf Seite 20.

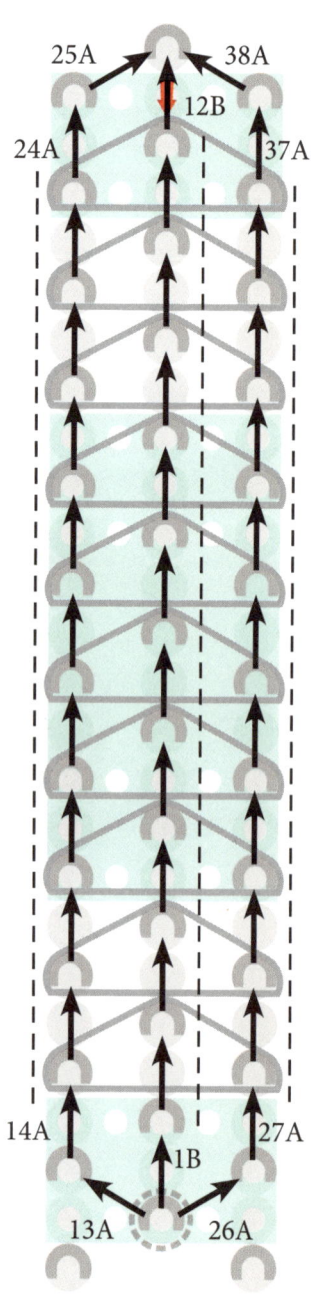

111

Regentropfen-Armband
Fortgeschrittene

A	B	C
28	12	12

EINSPANNEN DER GUMMIBÄNDER

Schritt 1: Dreht den Loom so, dass der rote Pfeil von euch weg zeigt.

Schritt 2: Spannt die Gummibänder 1 bis 4 ein, wie in der nachfolgenden Abbildung dargestellt. Achtet darauf, dass die Gummibänder 3 und 4 aufeinander liegen. Das Gummiband mit dem Farbcode „B" muss von den beiden immer zuerst gespannt werden.

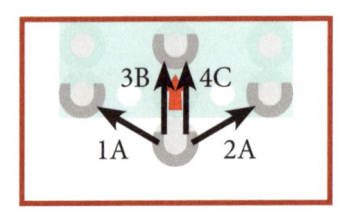

Schritt 3: Spannt die Gummibänder 1 bis 4 ein, wie in der Abbildung rechts dargestellt.

Schritt 4: Wiederholt das Muster noch neunmal.

Schritt 5: Wichtig! Spannt am Ende des Looms die Gummibänder 1 bis 6 ein, wie in der Abbildung dargestellt.

Schritt 6: Spannt ein Endgummiband der Farbe „A" ein.

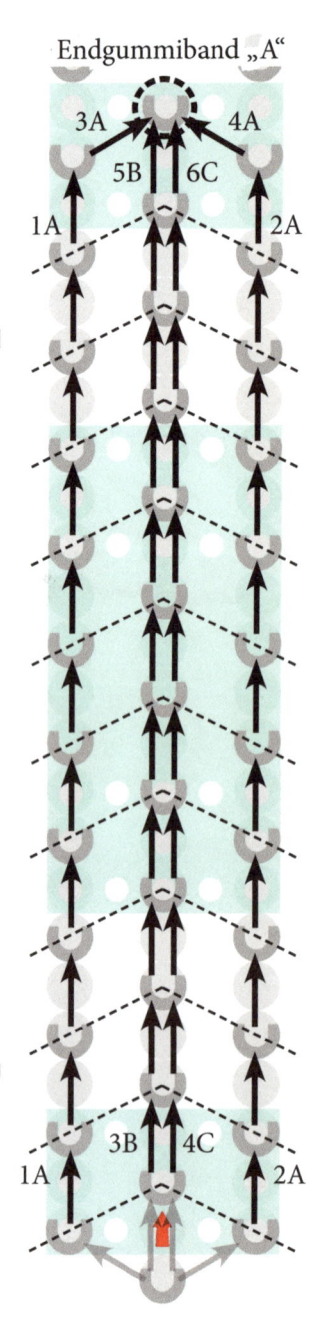

VERKNÜPFEN DER GUMMIBÄNDER

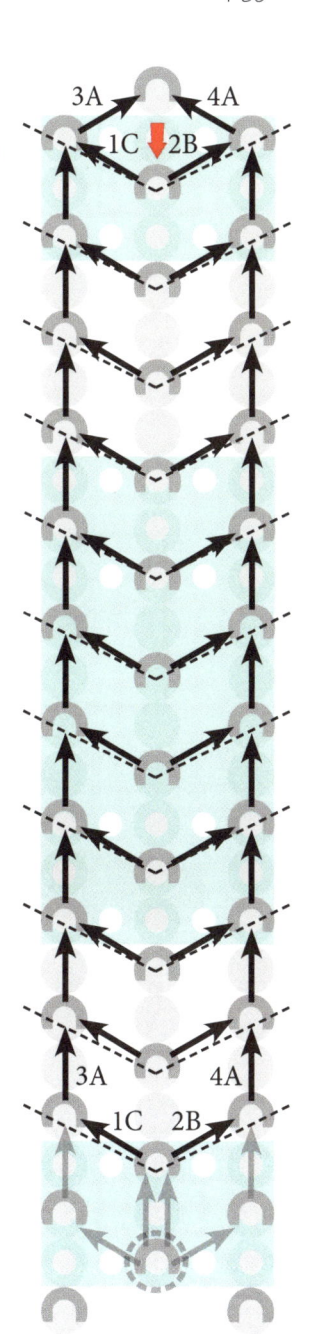

Schritt 7: Dreht den Loom so, dass der rote Pfeil zu euch zeigt.

Schritt 8: Verknüpft die Gummibänder 1 bis 6, wie in der folgenden Abbildung dargestellt.

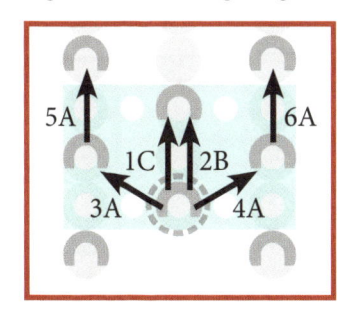

Schritt 9: Verknüpft die Gummibänder 1 bis 4, wie in der Abbildung rechts dargestellt.

Schritt 10: Wiederholt das Muster noch neunmal.

Schritt 11: Verknüpft am Ende des Looms die Gummibänder 1 bis 4.

Schritt 12: Endet mit einem Gummiband der Farbe „A" und geht zu „Fertigstellung eures Armbands" auf Seite 20.

Zum Ausprobieren

Macht jeden Regentropfen in einer anderen Farbe!

Verknüpfen der Regentropfen

1-65

Rechteck-Armband
Fortgeschrittene

Von Lyndsey West Reno, NV

A	B	C
28	12	12

Endgummiband „A"

EINSPANNEN DER GUMMIBÄNDER

Schritt 1: Dreht den Loom so, dass der rote Pfeil von euch weg zeigt.

Schritt 2: Spannt die Gummibänder 1 und 2 ein, wie nachfolgend dargestellt.

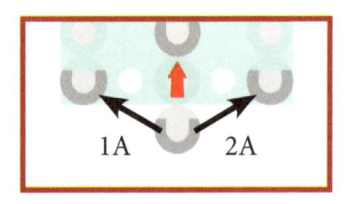

1A   2A

Schritt 3: Spannt die Gummibänder 1 bis 4 ein, wie in der Abbildung rechts dargestellt.

Hinweis
Das Gummiband 2C wird direkt über dem Gummiband 1B eingespannt.

Schritt 4: Wiederholt dieses Muster bis zum Ende des Looms. In der letzten Reihe enden die Gummibänder 3 und 4 beim mittleren Stift, wie in der Abbildung dargestellt.

Schritt 5: Spannt auf dem letzten Stift ein Endgummiband mit dem Farbcode „A" ein (siehe Abbildung). Geht anschließend zur „Herstellung von Endgummibändern" auf Seite 16.

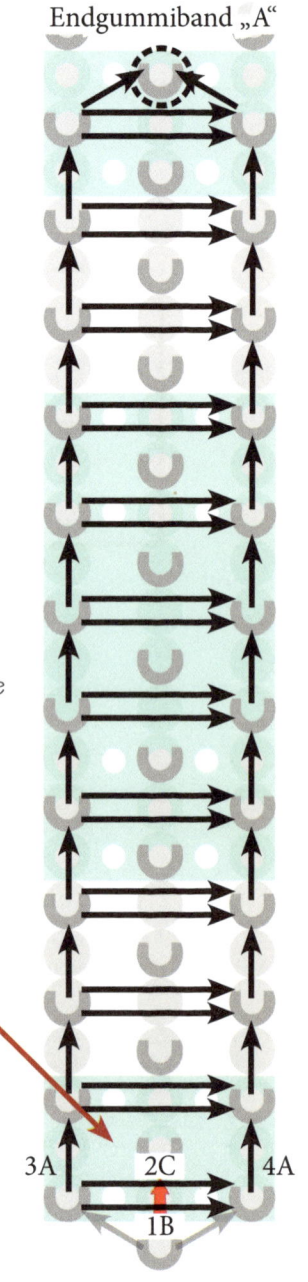

3A   2C   4A
     1B

VERKNÜPFEN DER GUMMIBÄNDER

Schritt 6: Dreht den Loom so, dass der rote Pfeil zu euch zeigt.

Schritt 7: Verknüpft die Gummibänder 1 und 2, wie in der folgenden Abbildung dargestellt.

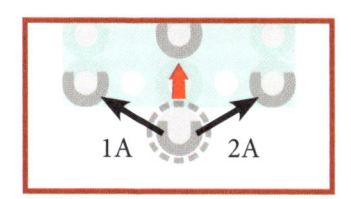

Schritt 8: Verknüpft die Gummibänder 1 bis 4, wie in der Abbildung rechts dargestellt. Beachtet, dass das Farbband „B" nach links und das Farbband „C" nach rechts gezogen wird.

Schritt 9: Wiederholt dieses Muster bis zum Ende des Looms. In der letzten Reihe werden die Gummibänder 3 und 4 zum mittleren Stift gezogen, wie in der Abbildung dargestellt.

Schritt 10: Endet mit einem Gummiband der Farbe „A" und geht zu „Fertigstellung eures Armbands" auf Seite 20.

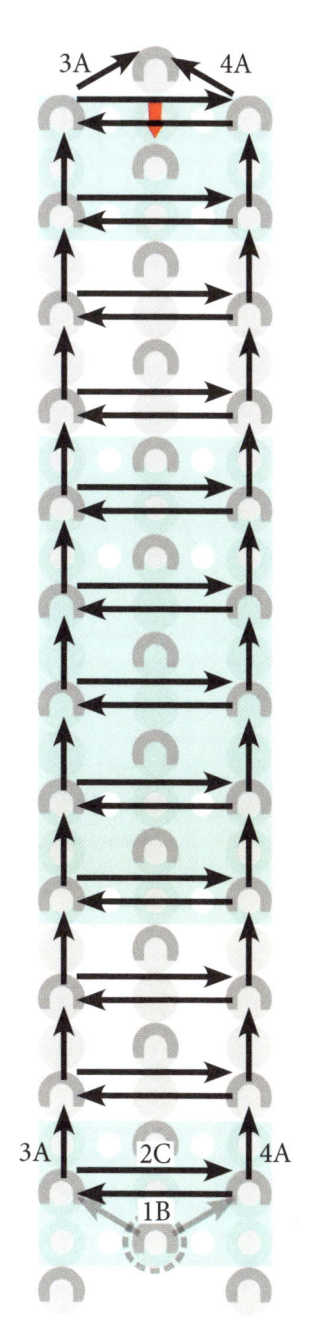

Rosengarten-Armband
Fortgeschrittene

A	B	C
9	40	24

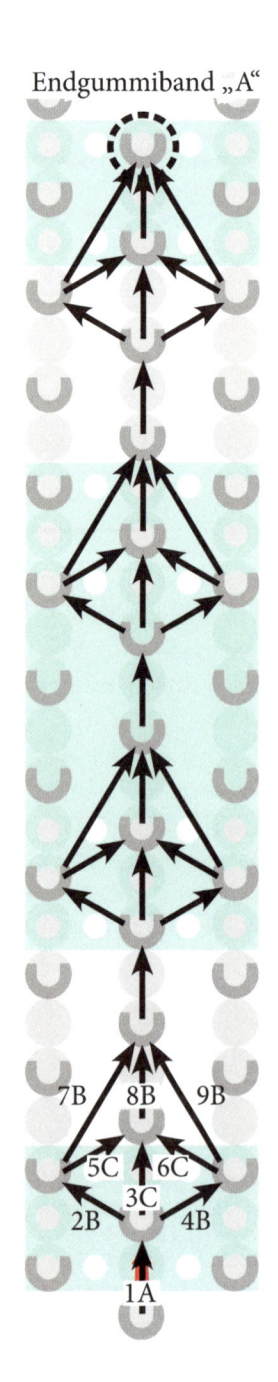

Bei diesem Armband werden zwei Ketten hergestellt und miteinander verbunden.

EINSPANNEN DER GUMMIBÄNDER

Schritt 1: Dreht den Loom so, dass der rote Pfeil von euch weg zeigt.

Schritt 2: Spannt die Gummibänder 1 bis 9 ein.

Schritt 3: Wiederholt für die restlichen 3 Rosen dieses Muster.

Schritt 4: Spannt auf den letzten Stift ein Endgummiband mit dem Farbcode „A" ein, wie in der Abbildung dargestellt. Siehe „Herstellung von Endgummibändern" auf Seite 16.

Zum Ausprobieren
Farbvorschläge: A (grün)
B (rot)
C (pink)

Endgummiband „A"

116

VERKNÜPFEN DER GUMMIBÄNDER

Schritt 5: Dreht den Loom so, dass der rote Pfeil zu euch zeigt.

Schritt 6: Verknüpft die Gummibänder 1 bis 9.

Schritt 7: Wiederholt dieses Muster bis zum Ende des Looms.

Schritt 8: Führt euren Haken durch das letzte Gummiband mit dem Farbcode „A" und schiebt das Gummiband zur dicksten Stelle des Hakens. Nehmt das Armband vom Loom ab. Legt den Haken mit dem Armband darauf zur Seite.

Zum Ausprobieren

Nachdem ihr das Armband vom Loom genommen habt, zieht ein grünes Gummiband um jedes Gummiband der Farbe „A", damit „Blätter" entstehen.

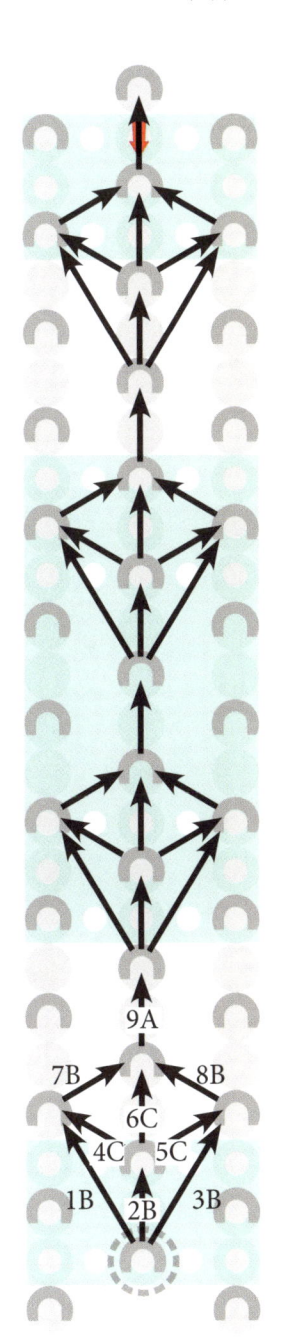

Rosengarten-Armband
Fortgeschrittene

EINSPANNEN WEITERER GUMMIBÄNDER

Schritt 9: Dreht den Loom so, dass der rote Pfeil von euch weg zeigt.

Schritt 10: Spannt die Gummibänder 1 bis 9 ein.

Schritt 11: Wiederholt für die restlichen 3 Rosen das Muster.

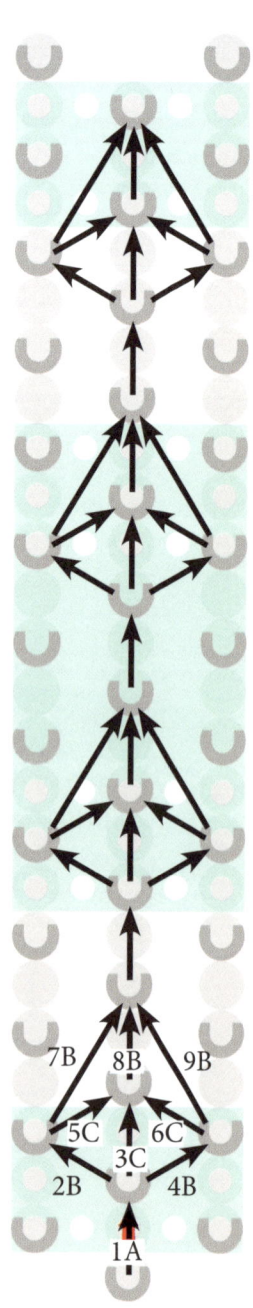

Rosengarten-Armband
Fortgeschrittene

VERKNÜPFEN WEITERER GUMMIBÄNDER

Schritt 12: Dreht den Loom so, dass der rote Pfeil zu euch zeigt.

Schritt 13: Zieht das Gummiband „A", das sich an eurem Haken befindet, rund um die drei Stifte des Looms, wie auf dem Foto zu sehen.

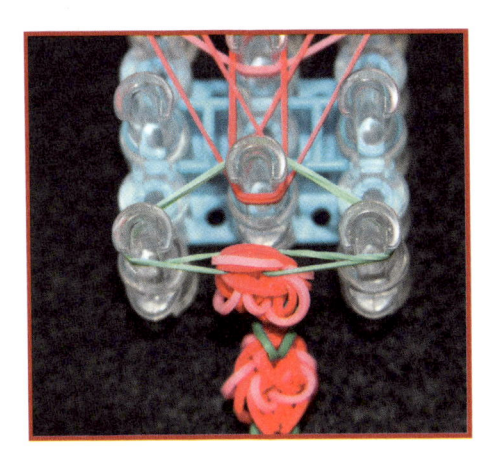

Schritt 14: Verknüpft die Gummibänder 1 bis 9.

Schritt 15: Wiederholt dieses Muster bis zum Ende des Looms.

Schritt 16: Bringt am zuletzt gezogenen Gummiband einen C-Clip an.

Schritt 17: Zieht das Armband vom Loom und verbindet die beiden Enden mit dem C-Clip.

Hinweis

Das Dreieck-Gummiband entspricht dem grünen Gummiband, das auf dem Foto oben zu sehen ist.

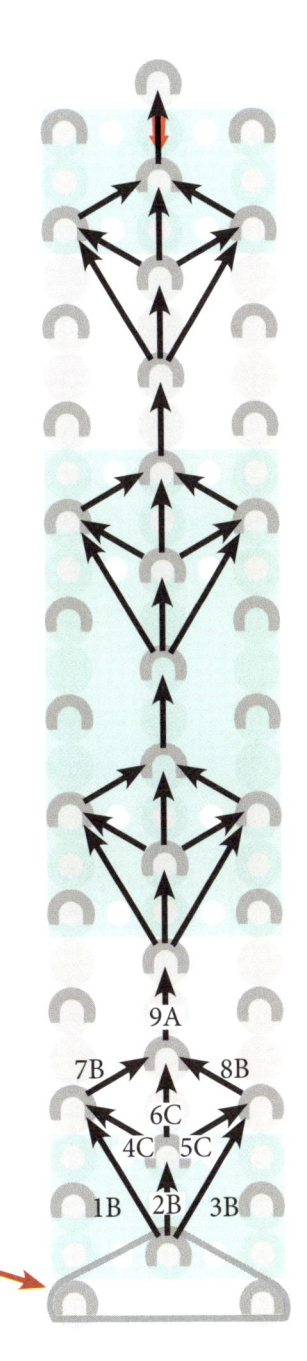

Upsy Daisy Twistzy Wistzy
Fortgeschrittene

A	B	C
12	22	18

EINSPANNEN DER GUMMIBÄNDER

Schritt 1: Dreht den Loom so, dass der rote Pfeil von euch weg zeigt.

Schritt 2: Spannt die Gummibänder 1 bis 12 ein. Beachtet, dass nur das erste und das letzte Gummiband ein Dreieck formen, die anderen jedoch einen Diamanten.

Zum Ausprobieren

Statt die Gummibänder „C" und „B" abzuwechseln, spannt 2 Reihen mit den Gummibändern „C", dann 2 Reihen mit den Gummibändern „B" usw.

Versucht, die Gummibänder von Schritt 2 in der Abfolge der Regenbogenfarben einzuspannen: rot - orange - gelb - grün - blau - lila.

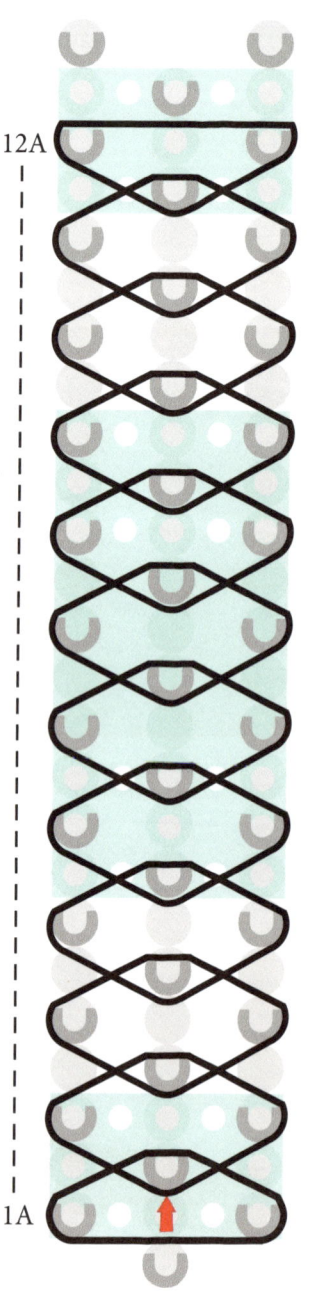

EINSPANNEN DER GUMMIBÄNDER

Schritt 3: Spannt die Gummibänder 1 und 2 ein, wie in der folgenden Abbildung dargestellt.

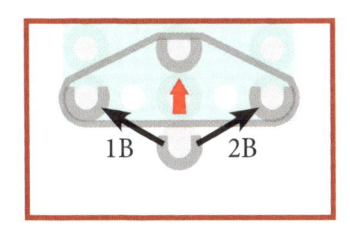

Schritt 4: Spannt die Gummibänder 1 bis 6 ein, wie in der Abbildung rechts dargestellt.

Schritt 5: Wiederholt dieses Muster bis zum Ende des Looms.

Schritt 6: Spannt auf den letzten Stift ein Endgummiband mit dem Farbcode „B" ein (wie in der Abbildung dargestellt). Siehe „Herstellung von Endgummibändern" auf Seite 16.

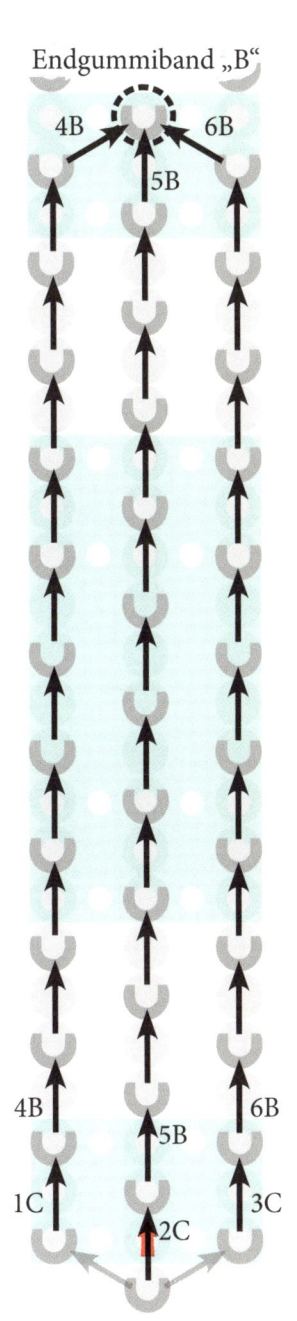

Endgummiband „B"

Upsy Daisy Twistzy Wistzy
Fortgeschrittene

VERKNÜPFEN DER GUMMIBÄNDER

Schritt 7: Dreht den Loom so, dass der rote Pfeil zu euch zeigt.

Schritt 8: Verknüpft die Gummibänder 1 und 5, wie nachfolgend dargestellt. Die Gummibänder 4A und 5A, die anhand von gestrichelten Pfeilen dargestellt sind, bilden die Ecken des Dreiecks und müssen zum mittleren Stift gezogen werden.

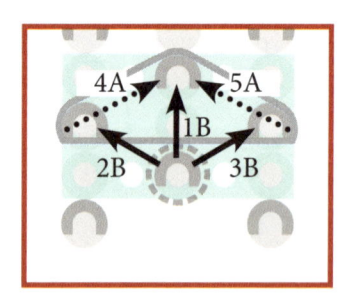

Schritt 9: Verknüpft die Gummibänder 1 bis 6, wie in der Abbildung rechts dargestellt. Die Gummibänder 2, 3, 5 und 6 bilden die Eckpunkte des Rhombus und werden zur Mitte gezogen.

Schritt 10: Wiederholt dieses Muster bis zum Ende des Looms.

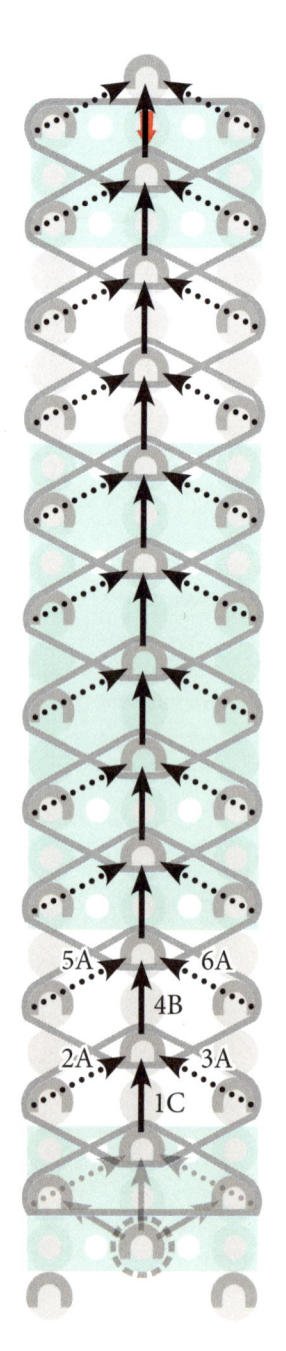

Upsy Daisy Twistzy Wistzy
Fortgeschrittene

VERKNÜPFEN DER GUMMIBÄNDER

Schritt 11: Verknüpft die Gummibänder 1 bis 12. Verwendet abwechselnd die Gummibänder „C" und „B".

Schritt 12: Verknüpft die Gummibänder 13 bis 24. Verwendet abwechselnd die Gummibänder „C" und „B".

Schritt 13: Endet mit einem Gummiband der Farbe „B" und geht zu „Fertigstellung eures Armbands" auf Seite 20.

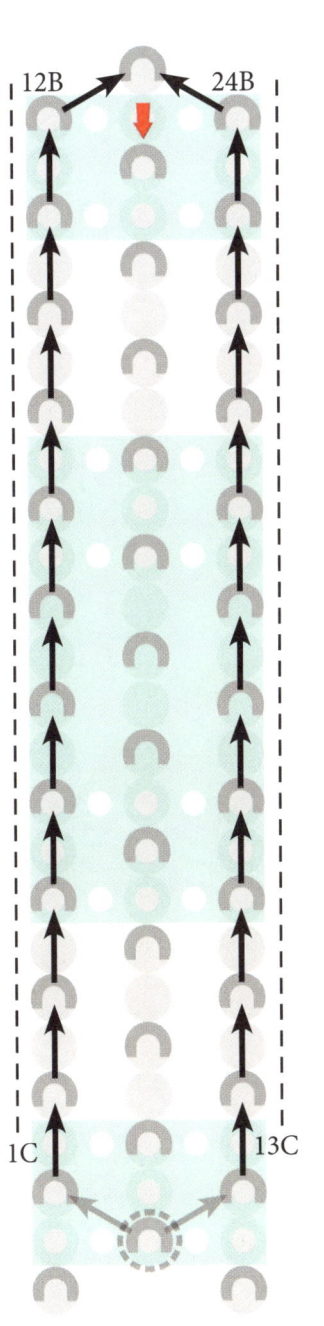

123

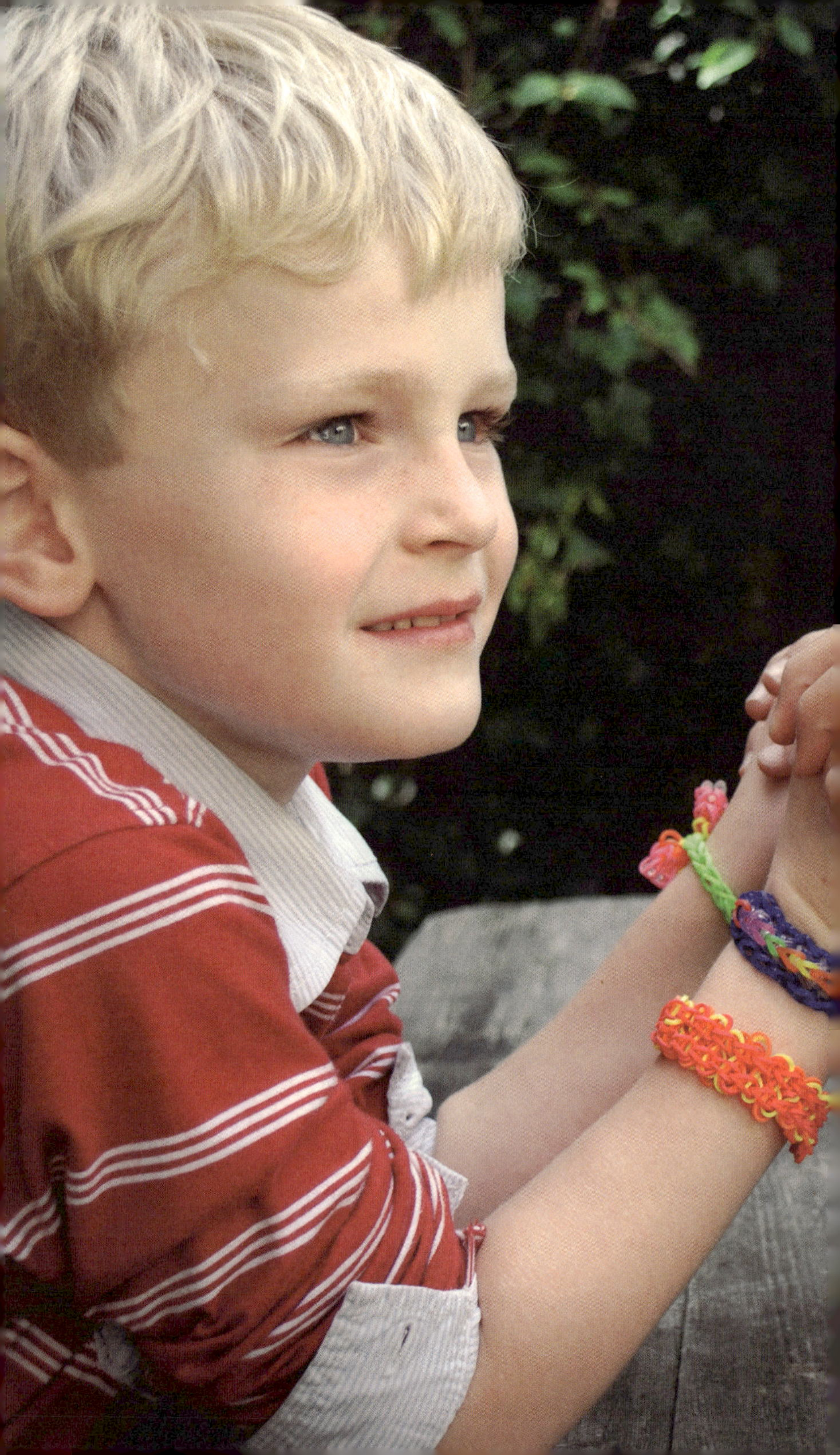

Designs für Profis

Zick-Zack-Armband
Profis

A	B	C
16	16	18

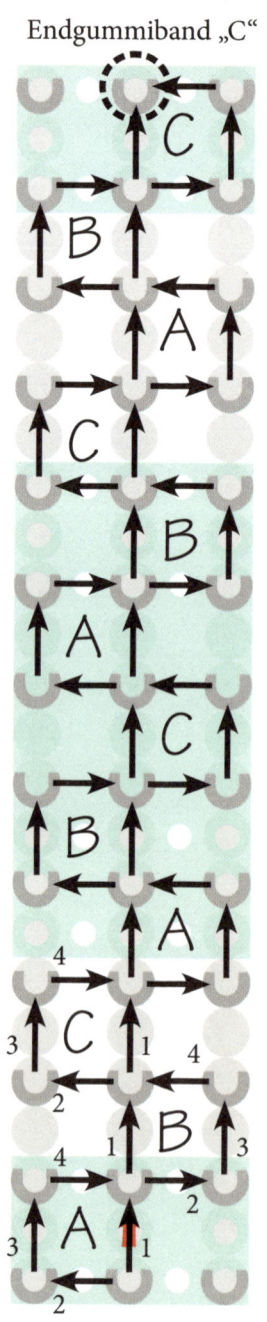

Endgummiband „C"

EINSPANNEN DER GUMMIBÄNDER

Schritt 1: Baut den Loom von einer „versetzten" in eine „rechteckige" Konfiguration um. Wie das geht, erfahrt ihr unter „Loom-Konfigurationen" auf Seite 192.

Schritt 2: Dreht den Loom so, dass der rote Pfeil von euch weg zeigt.

Schritt 3: Seht euch die Abbildung rechts und die Muster unten an. Bildet die 12 Quadrate, wie sie in den Abbildungen zu sehen sind. Beginnt dabei links unten und arbeitet euch nach oben vor. Die Reihenfolge der Gummibänder hängt davon ab, ob sich das Quadrat auf der linken Seite des Looms oder auf der rechten Seite befindet. Wechselt die Farben bis zum Ende des Looms: A - B - C.

Schritt 4: Spannt ein Endgummiband der Farbe „C" wie abgebildet ein.

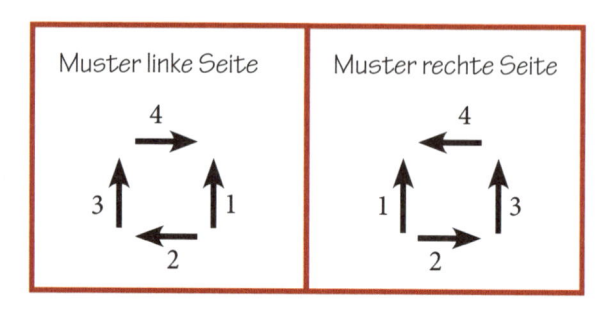

Muster linke Seite	Muster rechte Seite

126

VERKNÜPFEN DER GUMMIBÄNDER

Schritt 5: Dreht den Loom so, dass der rote Pfeil zu euch zeigt.

Schritt 6: Verknüpft jedes Quadrat, eines nach dem anderen. Beginnt links unten und arbeitet euch bis zum Ende des Looms vor. Verknüpft die Gummibänder wie in der Abbildung rechts und der Musteranleitung unten zu sehen.

Schritt 7: Endet mit einem Gummiband der Farbe „C" und geht zu „Fertigstellung eures Armbands" auf Seite 20.

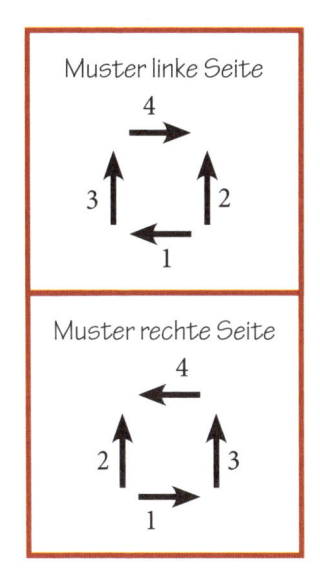

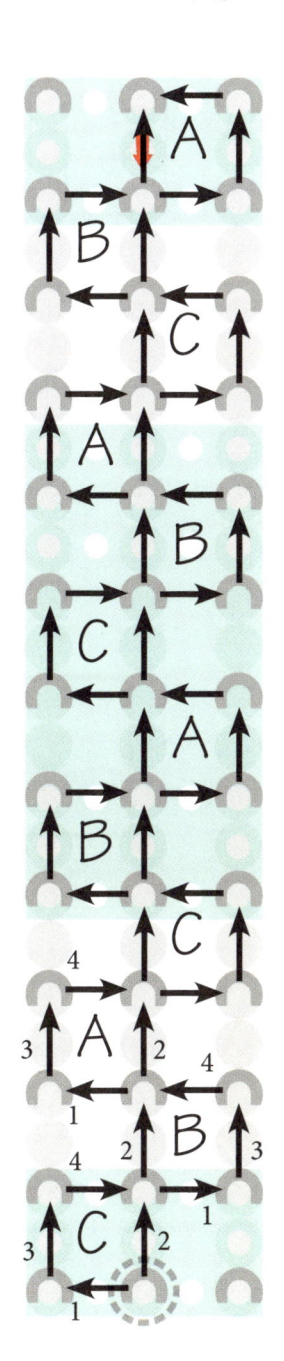

Muster linke Seite

Muster rechte Seite

Seestern-Armband
Profis

A	B	C
30	12	12

EINSPANNEN DER GUMMIBÄNDER

Schritt 1: Baut den Loom von einer „versetzten" in eine „rechteckige" Konfiguration um.

Schritt 2: Dreht den Loom so, dass der rote Pfeil von euch weg zeigt.

Schritt 3: Spannt die Gummibänder 1 und 2 ein, wie nachfolgend dargestellt.

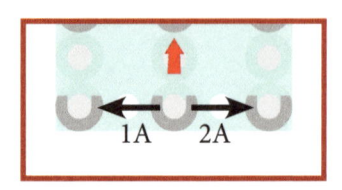

Schritt 4: Spannt die Gummibänder 1 bis 16 ein, wie in der Abbildung rechts dargestellt.

Schritt 5: Wiederholt das Muster noch zweimal.

Schritt 6: Spannt am Ende des Looms die Gummibänder 1 und 2 ein, wie in der Abbildung rechts dargestellt.

Schritt 7: Spannt auf den letzten Stift ein Endgummiband mit dem Farbcode „A" ein.

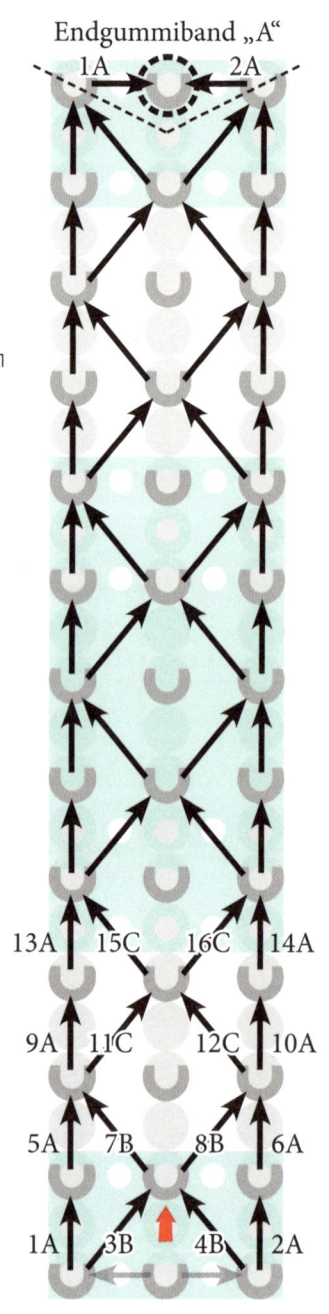

VERKNÜPFEN DER GUMMIBÄNDER

Schritt 8: Dreht den Loom so, dass der rote Pfeil zu euch zeigt.

Schritt 9: Verknüpft die Gummibänder 1 und 2, wie in der nachfolgenden Abbildung dargestellt.

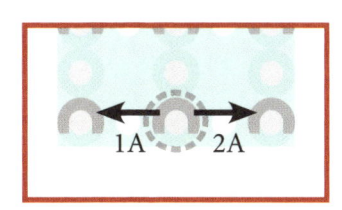

Schritt 10: Verknüpft die Gummibänder 1 bis 16, wie in der Abbildung rechts dargestellt.

Schritt 11: Wiederholt das Muster noch zweimal.

Schritt 12: Zieht am Ende des Looms die Gummibänder 1 und 2 zum mittleren Stift, wie nachfolgend und in der Abbildung rechts dargestellt.

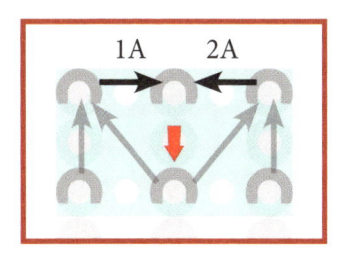

Schritt 13: Endet mit einem Gummiband der Farbe „A" und geht zu „Fertigstellung eures Armbands" auf Seite 20.

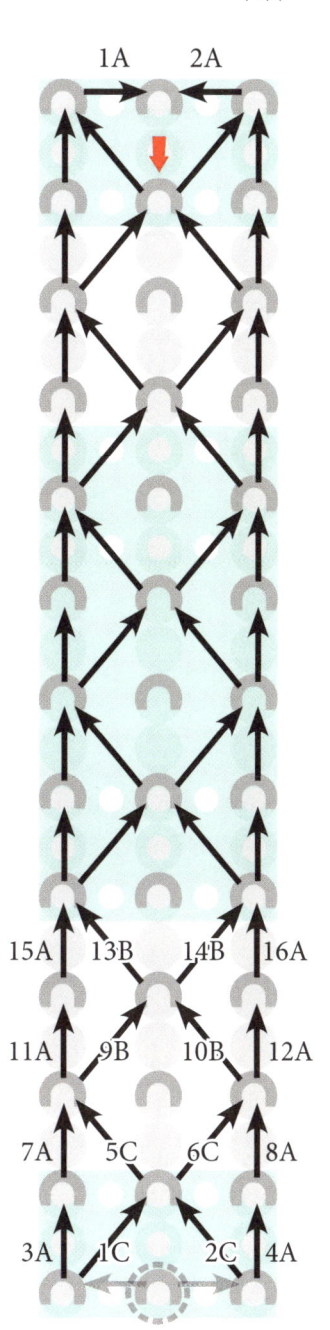

129

Twistzy-Wistzy-Armband
Profis

A	B	C
28	12	12

EINSPANNEN DER GUMMIBÄNDER

Schritt 1: Dreht den Loom so, dass der rote Pfeil von euch weg zeigt.

Schritt 2: Spannt die Gummibänder 1 bis 13 ein.

Schritt 3: Spannt die Gummibänder 14 bis 26 ein.

Schritt 4: Spannt die Gummibänder 27 bis 38 ein.

Schritt 5: Spannt auf den letzten Stift ein Endgummiband mit dem Farbcode „A" ein, wie in der Abbildung dargestellt.

Zum Ausprobieren

Nutzt für B verschiedenfarbige Bänder.

Versucht für B Regenbogenfarben einzuspannen: rot - orange - gelb - grün - blau - lila.

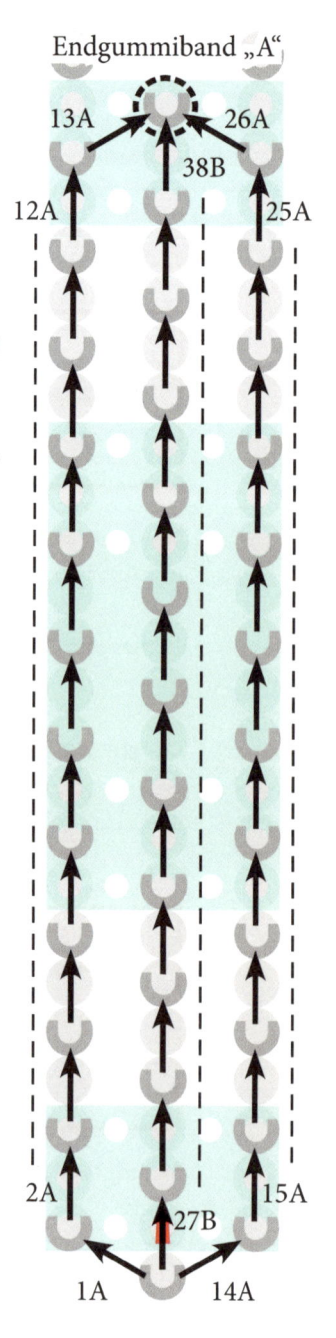

EINSPANNEN DER GUMMIBÄNDER

Schritt 6: Schiebt alle Gummibänder an den Stiften nach unten.

Schritt 7: Verknüpft das dreieckig geformte Gummiband 1.

Schritt 8: Verknüpft die Gummibänder 2 bis 11, die die Form eines Diamaneten haben.

Schritt 9: Verknüpft das dreieckig geformte Gummiband 12.

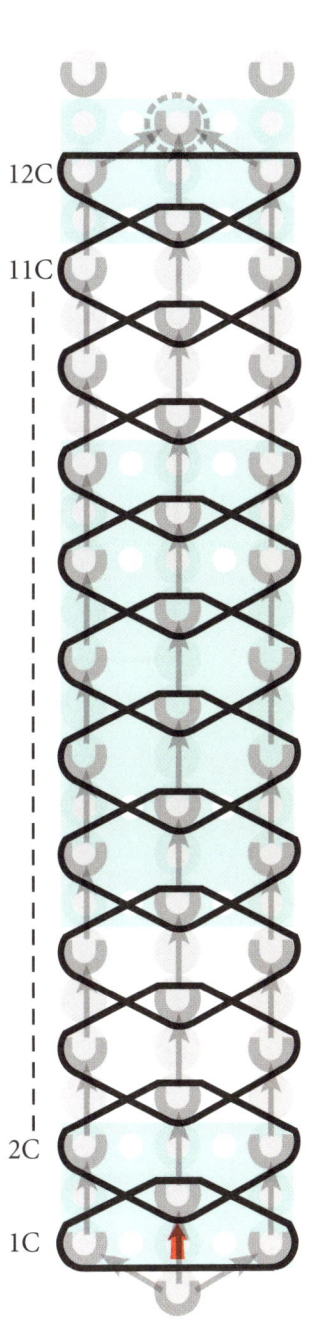

Twistzy-Wistzy-Armband
Profis

VERKNÜPFEN DER GUMMIBÄNDER

Schritt 10: Dreht den Loom so, dass der rote Pfeil zu euch zeigt.

Schritt 11: Verknüpft die Gummibänder 1 und 5, wie nachfolgend dargestellt. Die Gummibänder 4C und 5C, die anhand der gestrichelten Pfeile dargestellt sind, bilden die Ecken des Dreiecks und müssen zum mittleren Stift gezogen werden.

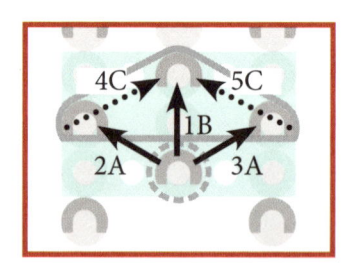

Schritt 12: Verknüpft die Gummibänder 1 bis 5, wie in der Abbildung rechts dargestellt. Die Gummibänder 4 und 5 sind die Eckpunkte des Rhombus, die zum mittleren Stift gezogen werden.

Schritt 13: Wiederholt dieses Muster bis zum Ende des Looms.

Schritt 14: Nachdem ihr das letzte dreieckige Gummiband zum mittleren Stift gezogen habt, zieht die Gummibänder 1 und 2 zur Mitte, wie oben in der Abbildung dargestellt.

Schritt 15: Endet mit einem Gummiband der Farbe „A" und geht zu „Fertigstellung eures Armbands" auf Seite 20.

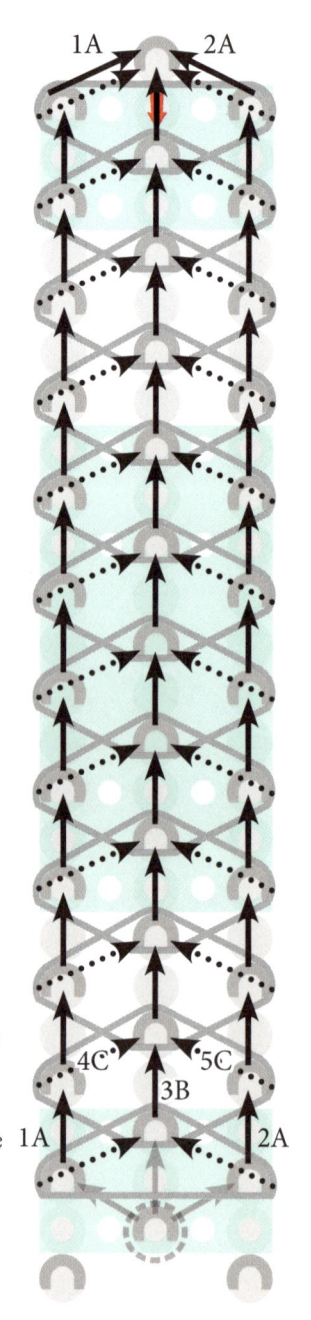

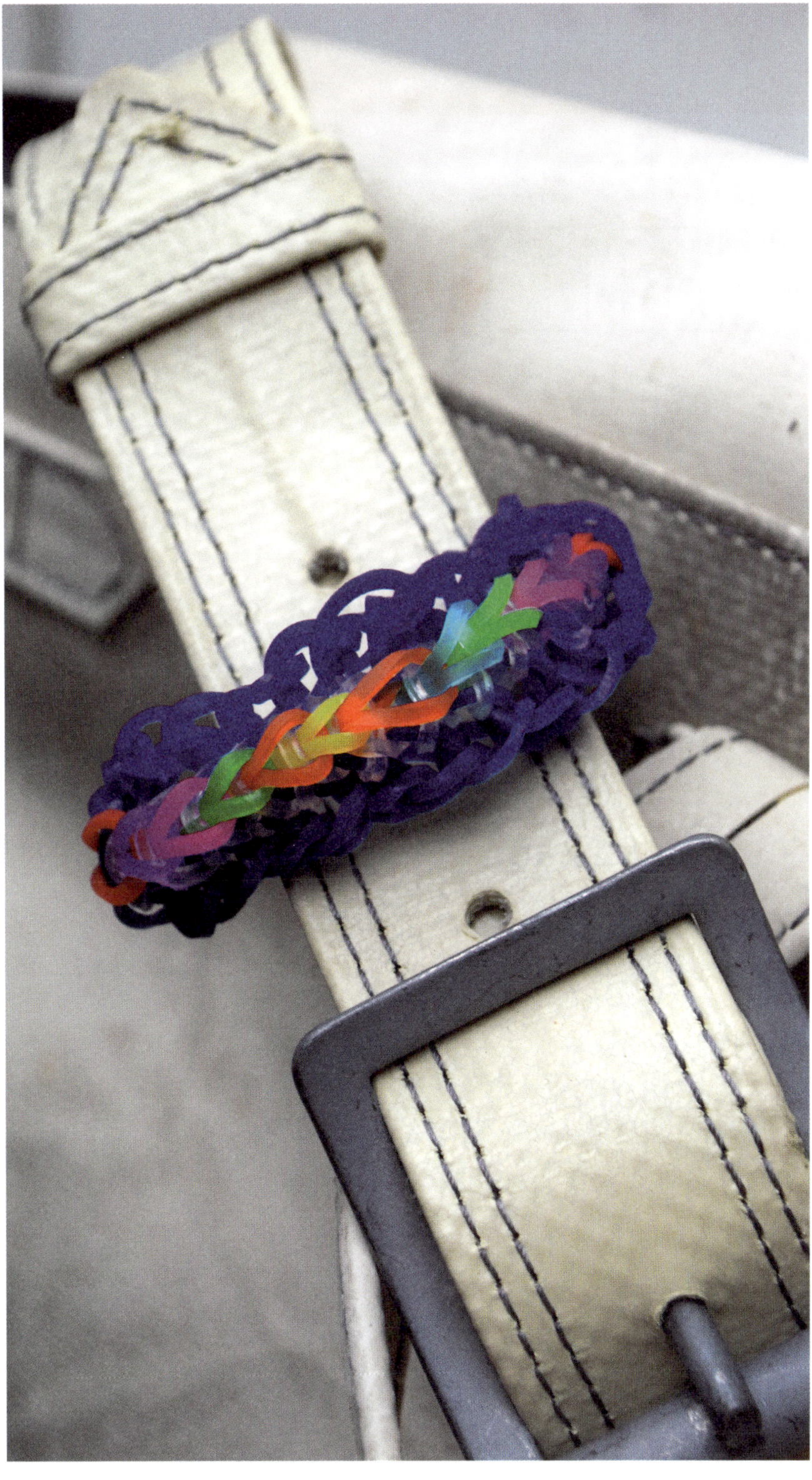

Marienkäfer-Armband
Profis

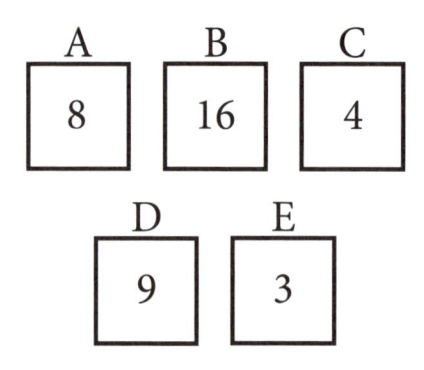

A	B	C
8	16	4

D	E
9	3

EINSPANNEN DER GUMMIBÄNDER

Schritt 1: Dreht den Loom so, dass der rote Pfeil von euch weg zeigt.

Schritt 2: Spannt die Gummibänder 1 bis 38 ein und haltet euch dabei an die Abbildung rechts.

Schritt 3: Spannt auf den letzten Stift ein Endgummiband mit dem Farbcode „A" ein, wie in der Abbildung dargestellt. Siehe „Herstellung von Endgummibändern" auf Seite 16.

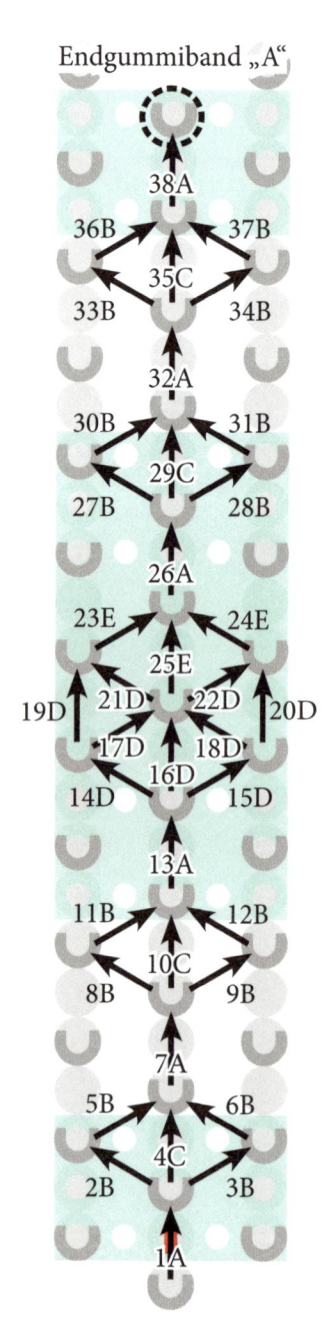

Zum Ausprobieren

Farbvorschläge: A (grün)
B (gelb)
C (orange)
D (rot)
E (schwarz)

Endgummiband „A"

VERKNÜPFEN DER GUMMIBÄNDER

Schritt 4: Dreht den Loom so, dass der rote Pfeil zu euch zeigt.

Schritt 5: Verknüpft die Gummibänder 1 bis 38.

Schritt 6: Endet mit einem Gummiband der Farbe „A" und geht zu „Fertigstellung eures Armbands" auf Seite 20.

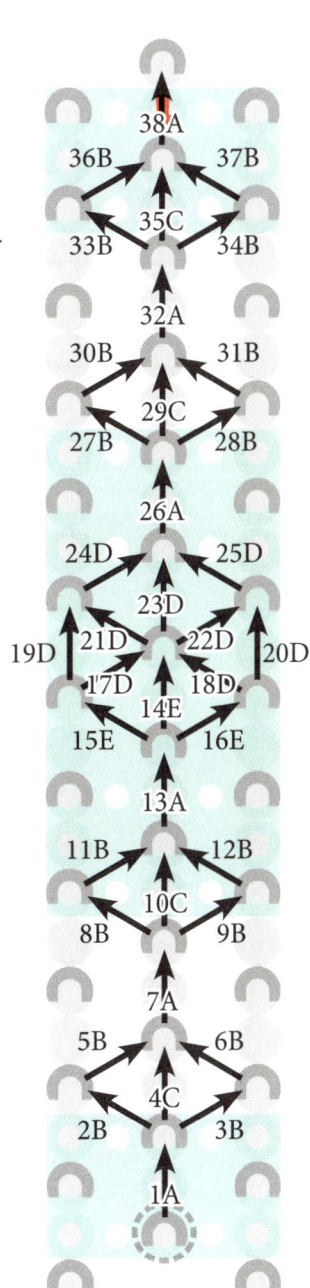

135

Honigbienen-Armband
Profis

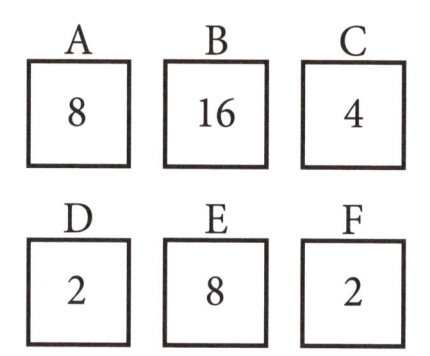

A	B	C
8	16	4

D	E	F
2	8	2

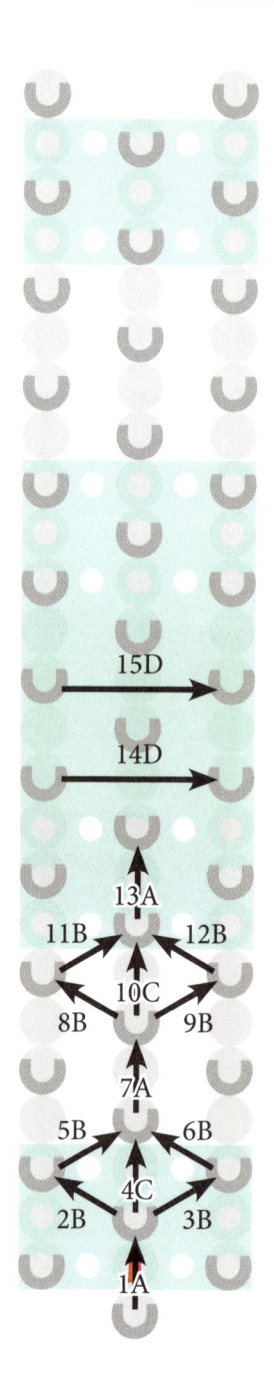

EINSPANNEN DER GUMMIBÄNDER

Schritt 1: Dreht den Loom so, dass der rote Pfeil von euch weg zeigt.

Schritt 2: Spannt die Gummibänder 1 bis 15 ein. Es ist sehr wichtig, dass die Gummibänder genau in der dargestellten Reihenfolge gespannt werden, da das Armband ansonsten auseinanderfällt.

Zum Ausprobieren

Farbvorschläge:
A = Farbe des Stängels (grün)
B = Blütenfarbe (rot)
C = Blumen-Highlight (pink)
D = (schwarz)
E = (gelb)
F = (weiß)

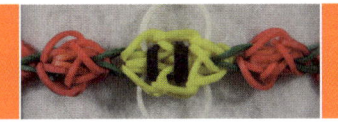

EINSPANNEN DER GUMMIBÄNDER

Schritt 3: Spannt die Gummibänder 1 bis 21 ein.

Schritt 4: Spannt auf den letzten Stift ein Endgummiband mit dem Farbcode „A" ein, wie in der Abbildung dargestellt. Siehe „Herstellung von Endgummibändern" auf Seite 16.

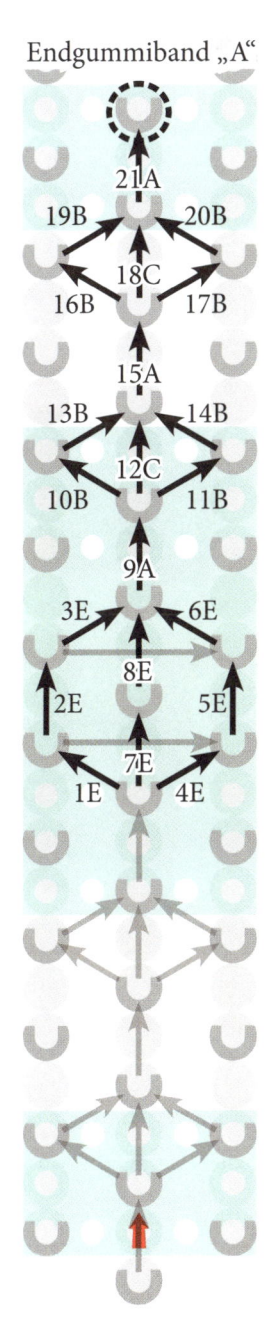

Endgummiband „A"

Honigbienen-Armband
Profis

EINSPANNEN DER GUMMIBÄNDER

Schritt 5: Spannt die dreieckig geformten Gummibänder 1 und 2 von der Mitte des Sechsecks aus, wie dargestellt.

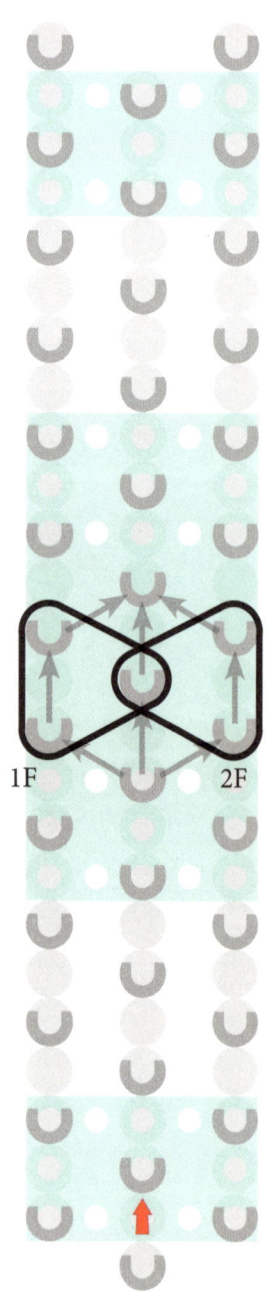

Honigbienen-Armband
Profis

VERKNÜPFEN DER GUMMIBÄNDER

Schritt 6: Dreht den Loom so, dass der rote Pfeil zu euch zeigt.

Schritt 7: Verknüpft die Gummibänder 1 bis 20.

Schritt 8: Verknüpft die Gummibänder 21 bis 25. Achtet unbedingt auf die richtige Reihenfolge. Siehe den Hinweis unten.

Schritt 9: Verknüpft die Gummibänder 26 bis 38.

Schritt 10: Endet mit einem Gummiband der Farbe „A" und geht zu „Fertigstellung eures Armbands" auf Seite 20.

Hinweise

Die Gummibänder, die mit gestrichelten Linien dargestellt werden, werden nicht, wie die meisten Gummibänder, wieder zu ihrem Anfang zurückgezogen, sondern halten, ähnlich wie ein Endgummiband, die Bänder um den mittleren Stift fest.

Bei den Gummibändern 21 bis 24 zieht ihr beide Enden der Gummibänder „D" vom äußeren Stift zum mittleren.

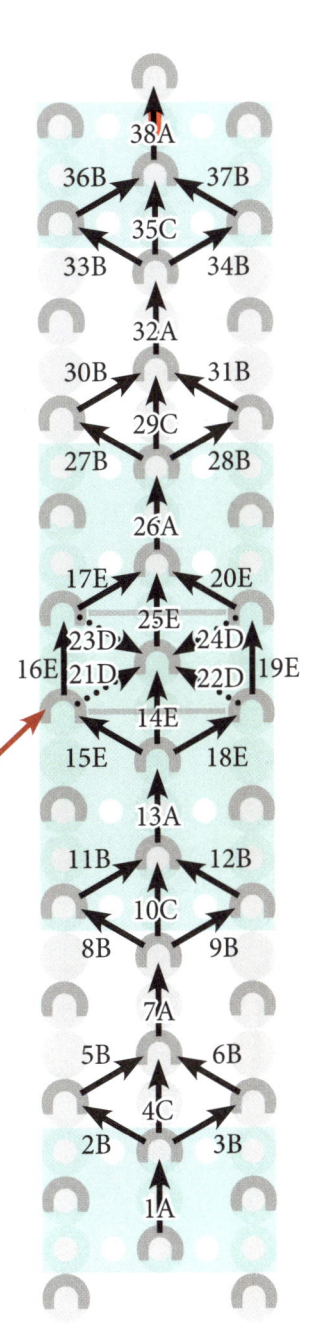

Sternenexplosions-Armband
Profis
Von Danielle Wilhelm Sylvania, OH

A	B	C
34	18	18

EINSPANNEN DER GUMMIBÄNDER

Schritt 1: Dreht den Loom so, dass der rote Pfeil von euch weg zeigt.

Schritt 2: Spannt die Gummibänder 1 bis 13 ein.

Schritt 3: Spannt die Gummibänder 14 bis 26 ein.

Tipps

Wenn ihr beim Verknüpfen dieses Armbands Probleme habt, verwendet für jede Sternenexplosion sechs verschiedenfarbige Gummibänder, bis ihr den Dreh heraushabt.

Vielleicht ist es auch einfacher für euch, für jede Sternenexplosion ein Endgummiband in einer anderen Farbe zu verwenden.

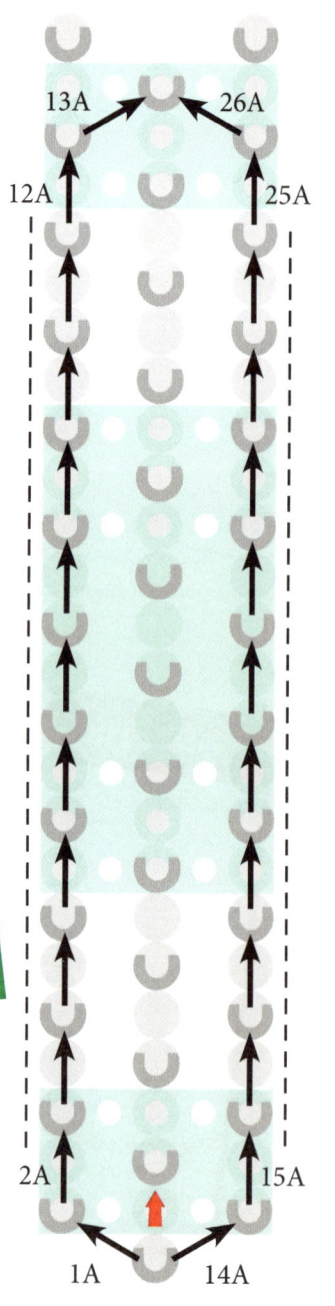

EINSPANNEN DER GUMMIBÄNDER

Schritt 4: Spannt die Gummibänder 1 bis 6 ein. Siehe den **Hinweis** unten.

Schritt 5: Spannt die Gummibänder 7 bis 12 ein.

Schritt 6: Wiederholt für die restlichen 4 Sternenexplosionen die Schritte 4 und 5.

Hinweis

Wenn ihr die Gummibänder für die Sternenexplosionen einspannt, ist die Reihenfolge sehr wichtig. Das erste Gummiband wird zur 2-Uhr-Position hin gespannt, dann macht ihr im Uhrzeigersinn bis zur 12-Uhr-Position weiter.

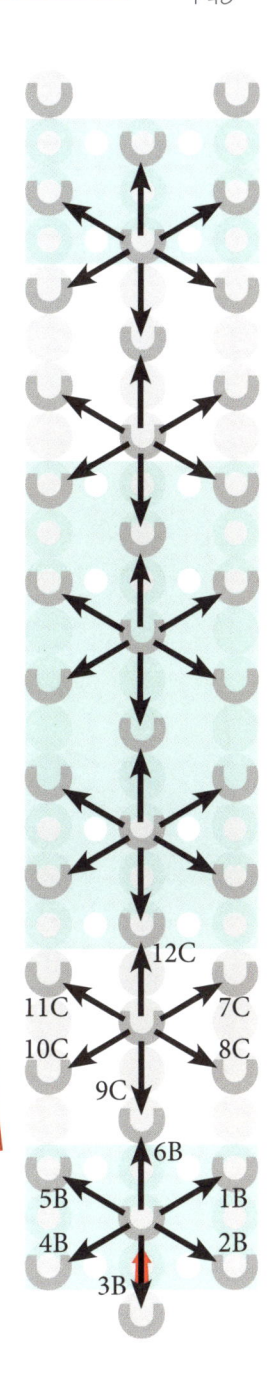

Beginnt hier

141

Sternenexplosions-Armband
Profis

EINSPANNEN DER GUMMIBÄNDER

Schritt 7: Spannt die Endgummibänder 1 bis 6 ein.

Schritt 8: Spannt auf den letzten Stift ein Endgummiband mit dem Farbcode „A" ein, wie in der Abbildung dargestellt. Siehe „Herstellung von Endgummibändern" auf Seite 16.

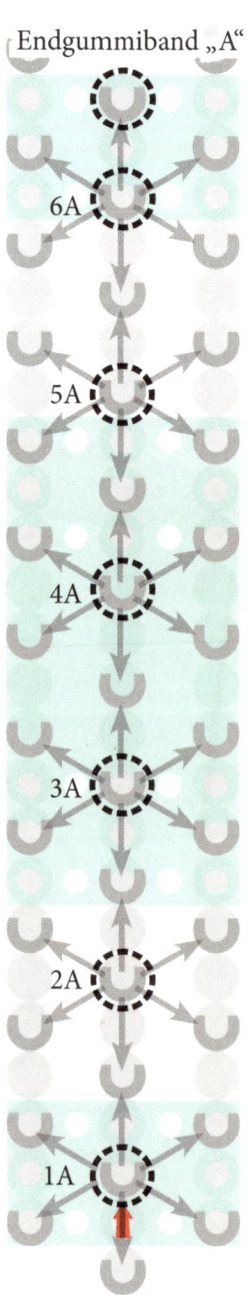

Endgummiband „A"

6A
5A
4A
3A
2A
1A

Sternenexplosions-Armband
Profis

VERKNÜPFEN DER GUMMIBÄNDER

Schritt 9: Dreht den Loom so, dass der rote Pfeil zu euch zeigt.

Schritt 10: Verknüpft die Gummibänder 1 bis 6. Es ist sehr wichtig, dass ihr die Gummibänder in der richtigen Reihenfolge und in die richtige Richtung zieht. Siehe **Hinweise** unten.

Schritt 11: Verknüpft die Gummibänder 7 bis 12.

Schritt 12: Wiederholt dieses Muster bis zum Ende des Looms.

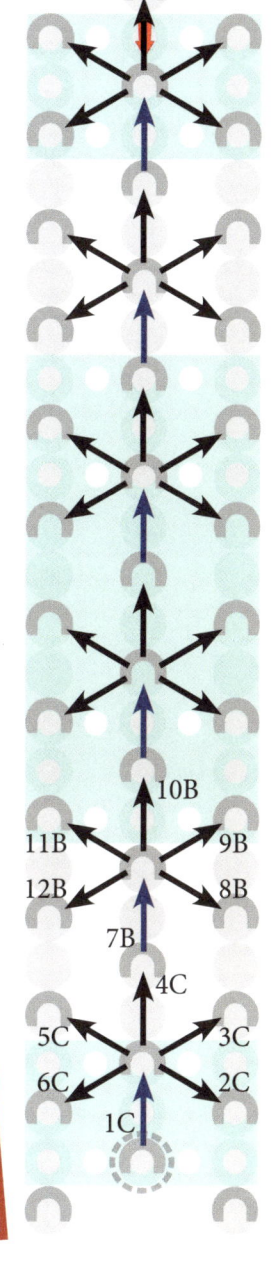

Hinweise

Wenn ihr die Gummibänder für die Sternenexplosion verknüpft, müsst ihr in der 6-Uhr-Position beginnen und euch dann im Uhrzeigersinn vorarbeiten.

Beachtet, dass das erste Gummiband zur Mitte der Sternenexplosion hingezogen wird, die anderen Gummibänder jedoch nach außen (siehe die Richtung der Pfeile in der Abbildung).

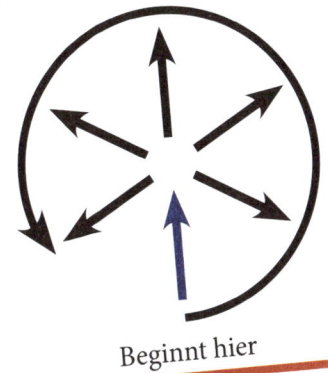

Beginnt hier

143

Sternenexplosions-Armband
Profis

VERKNÜPFEN DER GUMMIBÄNDER

Schritt 13: Verknüpft die Gummibänder 1 bis 13.

Schritt 14: Verknüpft die Gummibänder 14 bis 26.

Schritt 15: Endet mit einem Gummiband der Farbe „A" und geht zu „Fertigstellung eures Armbands" auf Seite 20.

Zum Ausprobieren

Experimentiert bei jeder Sternenexplosion mit unterschiedlichen Farben.

Benutzt Perlen für jede zweite Sternenexplosion.

Verwendet für die Endgummibänder dieselbe Farbe wie für die Sternenexplosion.

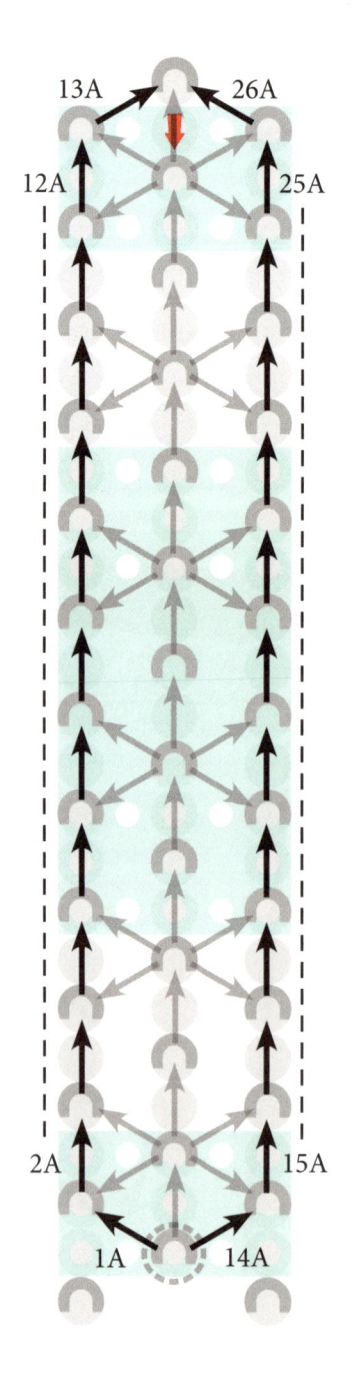

13A 26A
12A 25A

2A 15A
1A 14A

144

145

Flower-Power-Armband
Profis

A	B	C
38	21	21

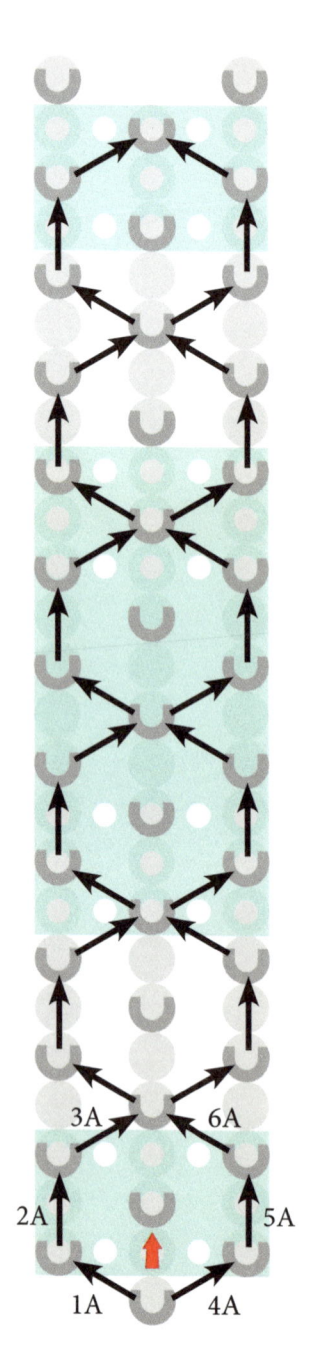

EINSPANNEN DER GUMMIBÄNDER

Schritt 1: Dreht den Loom so, dass der rote Pfeil von euch weg zeigt.

Schritt 2: Spannt die Gummibänder 1 bis 6 ein.

Schritt 3: Wiederholt das Muster bis zum Ende des Looms.

Zum Ausprobieren

Stellt jede Blume in einer anderen Farbe her.

Macht das Armband aus 4 Waben, jeweils mit einem Gummiband dazwischen, um sie miteinander zu verbinden.

EINSPANNEN DER GUMMIBÄNDER

Schritt 4: Spannt die Gummibänder 1 bis 6 ein.

Schritt 5: Spannt die Gummibänder 7 bis 12 ein.

Schritt 6: Wiederholt diese Reihenfolge von 1 bis 12 bis zum Ende des Looms.

Hinweis

Wenn ihr die Gummibänder für die Blumen einspannt, ist die Reihenfolge sehr wichtig. Das erste Gummiband wird zur 2-Uhr-Position hin gespannt, dann macht ihr im Uhrzeigersinn bis zur 12-Uhr-Position weiter.

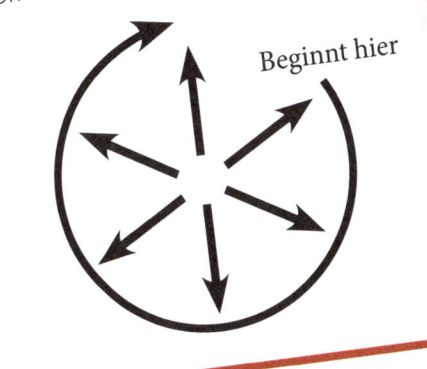

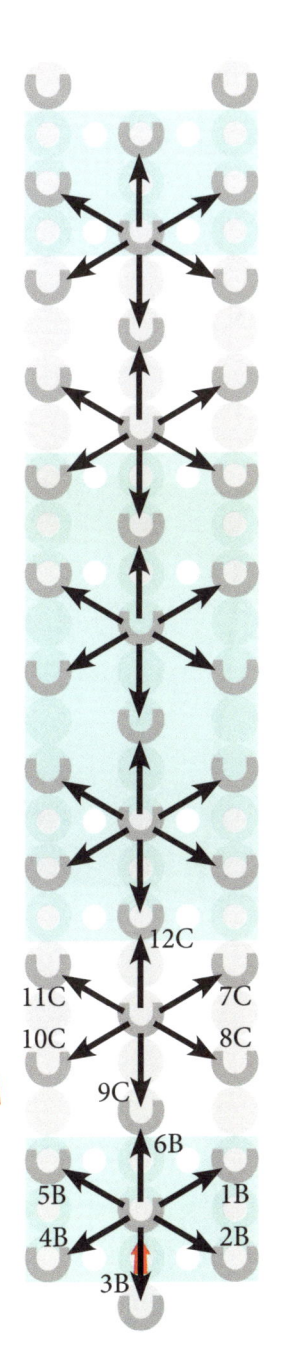

Beginnt hier

Flower-Power-Armband
Profis

EINSPANNEN DER GUMMIBÄNDER

Schritt 7: Spannt die Endgummibänder 1 bis 6 ein.

Schritt 8: Spannt auf den letzten Stift ein Endgummiband mit dem Farbcode „A" ein, wie in der Abbildung dargestellt. Siehe „Herstellung von Endgummibändern" auf Seite 16.

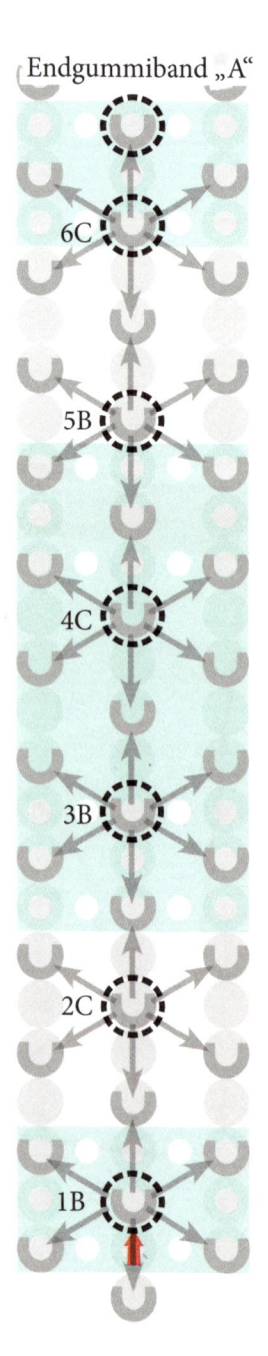

Tipps

Wenn ihr beim Verknüpfen dieses Armbands Probleme habt, verwendet für jede Blume sechs verschiedenfarbige Gummibänder, bis ihr den Dreh heraushabt.

Vielleicht ist es auch einfacher für euch, für jede Blume ein Endgummiband in einer anderen Farbe zu verwenden.

Endgummiband „A"

6C

5B

4C

3B

2C

1B

Flower-Power-Armband
Profis

VERKNÜPFEN DER GUMMIBÄNDER

Schritt 9: Dreht den Loom so, dass der rote Pfeil zu euch zeigt.

Schritt 10: Verknüpft die Gummibänder 1 bis 6. Es ist sehr wichtig, dass ihr die Gummibänder in der richtigen Reihenfolge und in die richtige Richtung zieht. Siehe **Hinweise** unten.

Schritt 11: Verknüpft die Gummibänder 7 bis 12.

Schritt 12: Wiederholt diese Reihenfolge von 1 bis 12 bis zum Ende des Looms.

Hinweise

Wenn ihr die Gummibänder für die Blumen verknüpft, müsst ihr in der 6-Uhr-Position beginnen und euch dann im Uhrzeigersinn vorarbeiten.

Beachtet, dass alle Gummibänder von der Mitte der Blume nach außen gezogen werden.

Beginnt hier

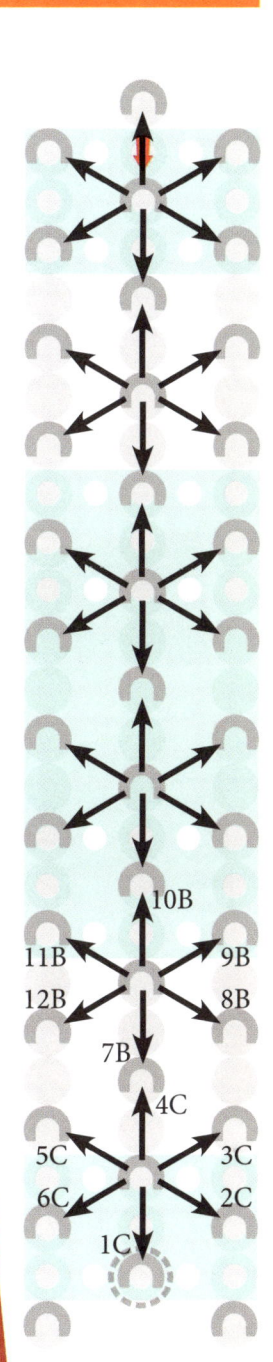

149

Flower-Power-Armband
Profis

VERKNÜPFEN DER GUMMIBÄNDER

Schritt 13: Verknüpft die Gummibänder 1 bis 6.

Schritt 14: Wiederholt diese Reihenfolge bis zum Ende des Looms.

Schritt 15: Endet mit einem Gummiband der Farbe „A" und geht zu „Fertigstellung eures Armbands" auf Seite 20.

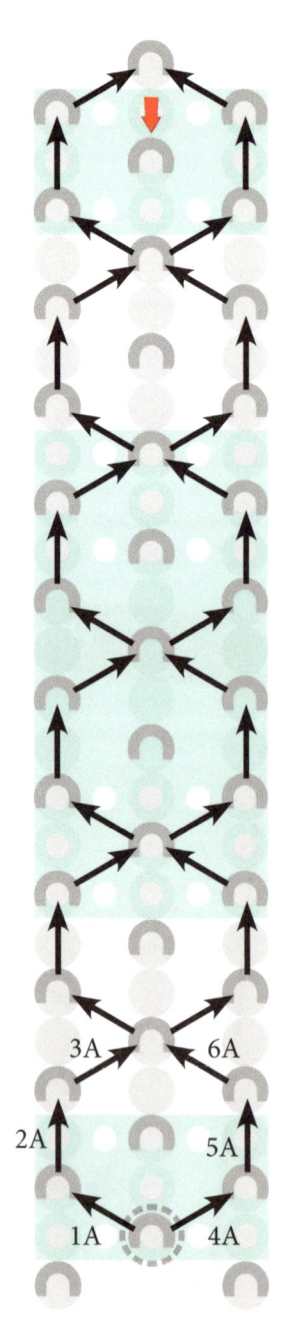

151

Regenbogenblüten-Armband
Profis

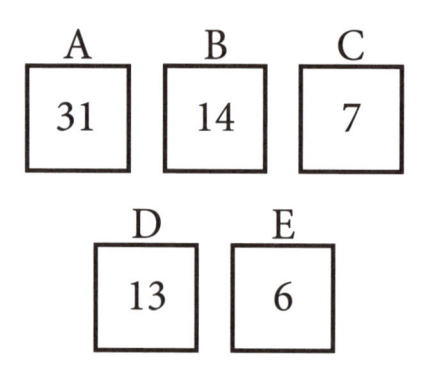

A	B	C
31	14	7

D	E
13	6

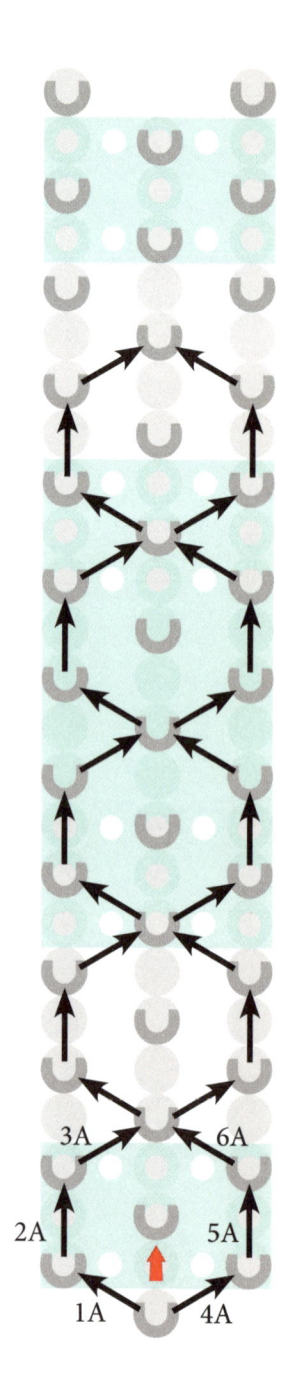

EINSPANNEN DER GUMMIBÄNDER

Schritt 1: Dreht den Loom so, dass der rote Pfeil von euch weg zeigt.

Schritt 2: Spannt die Gummibänder 1 bis 6 ein. Siehe nachfolgende Abbildung.

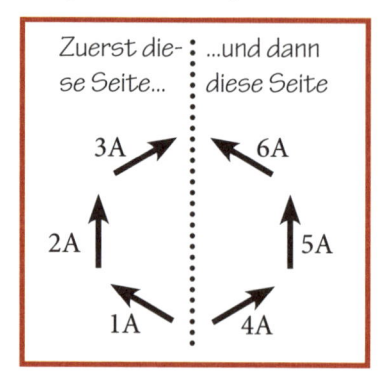

```
Zuerst die-    ...und dann
se Seite...    diese Seite

    3A ↗         ↖ 6A
    
 2A ↑              ↑ 5A
    
    1A ↖         ↗ 4A
```

Schritt 3: Wiederholt das Muster noch viermal.

152

EINSPANNEN DER GUMMIBÄNDER

Schritt 4: Spannt die Gummibänder 1 bis 18 ein. Achtet unbedingt auf die richtige Reihenfolge. Siehe den nachfolgenden Hinweis.

Hinweis

Wenn ihr die Gummibänder für die Blüten einspannt, ist die Reihenfolge sehr wichtig. Das erste Gummiband wird zur 2-Uhr-Position hin gespannt, dann macht ihr im Uhrzeigersinn bis zur 12-Uhr-Position weiter.

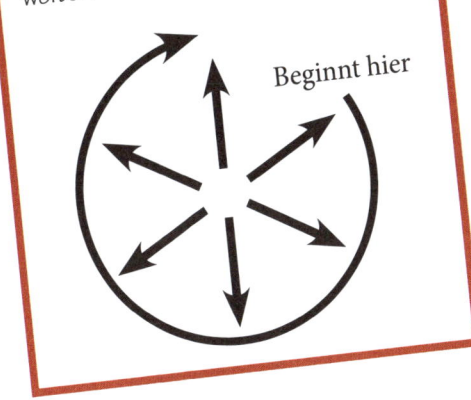

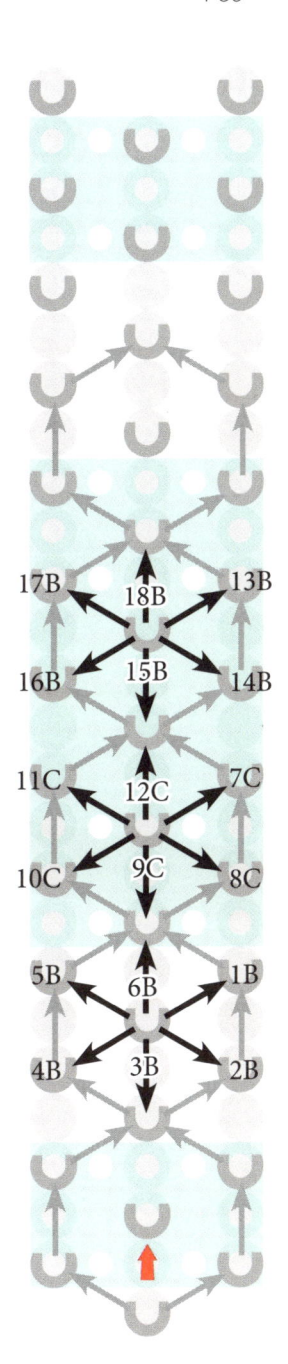

Beginnt hier

153

Regenbogenblüten-Armband
Profis

EINSPANNEN DER GUMMIBÄNDER

Schritt 5: Spannt die Gummibänder 1 bis 22 ein. Beim Spannen der Sechsecke müsst ihr unbedingt auf die richtige Reihenfolge achten, wie in der nachfolgenden Abbildung dargestellt.

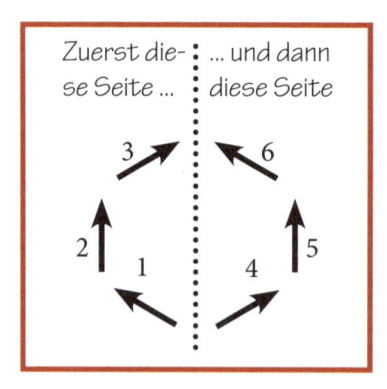

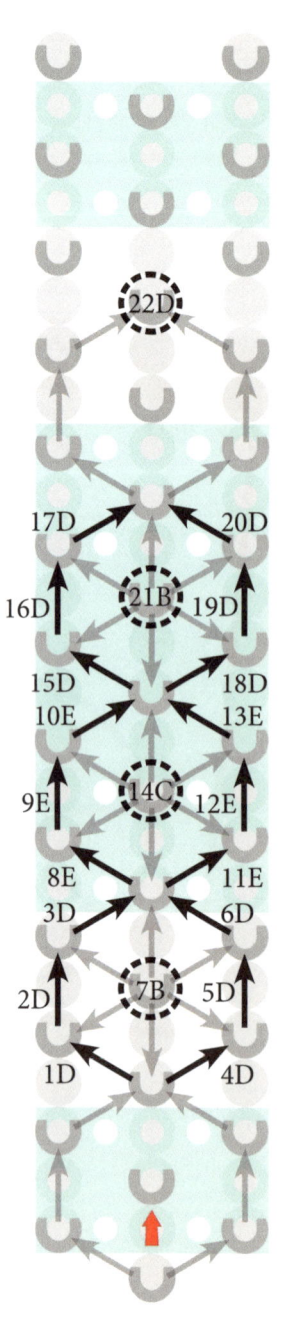

Zuerst diese Seite ... ... und dann diese Seite

Hinweis

Die Gummibänder 7, 14, 21 und 22 sind Endgummibänder.

Regenbogenblüten-Armband
Profis

VERKNÜPFEN DER GUMMIBÄNDER

Schritt 6: Dreht den Loom so, dass der rote Pfeil zu euch zeigt.

Schritt 7: Verknüpft die Gummibänder 1 bis 18.

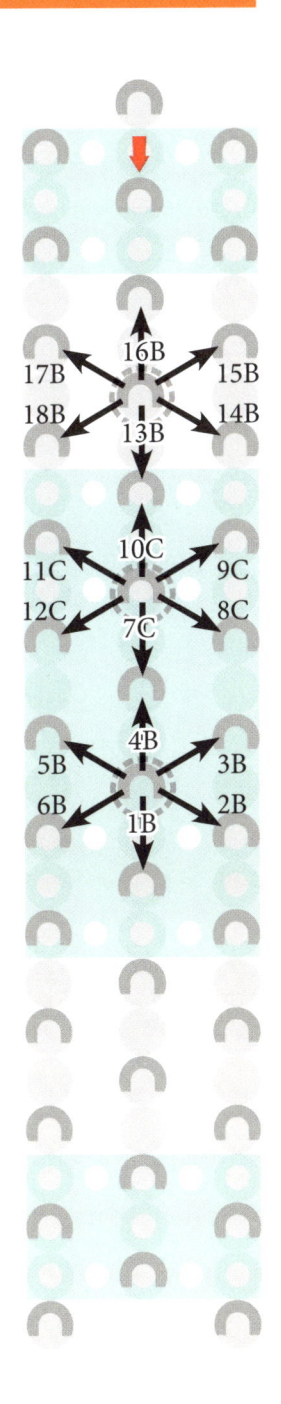

Hinweise

Wenn ihr die Gummibänder für die Blüten verknüpft, müsst ihr in der 6-Uhr-Position beginnen und euch dann im Uhrzeigersinn vorarbeiten.

Beachtet, dass alle Gummibänder von der Mitte der Blüte nach außen gezogen werden.

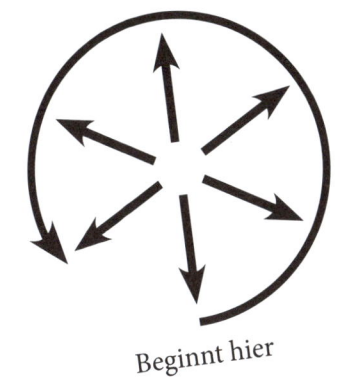

Beginnt hier

155

Regenbogenblüten-Armband
Profis

VERKNÜPFEN DER GUMMIBÄNDER

Schritt 8: Verknüpft die Gummibänder 1 bis 6. Achtet unbedingt auf die richtige Reihenfolge.

Schritt 9: Wiederholt das Muster noch viermal.

Schritt 10: Endet mit einem Gummiband der Farbe „A" und geht zu „Fertigstellung eures Armbands" auf Seite 20.

Zum Ausprobieren

Viele Armband-Designs in diesem Buch könnt Ihr auch an einem Haarreifen befestigen, um diesen zu verschönern. Besonders geeignet sind neben dem Regenbogenblüten-Armband auch der Schmetterlings-Blütenring (S. 90), das Sternenexplosions-Armband (S. 140) sowie das Hibiskus-Armband (S. 188).

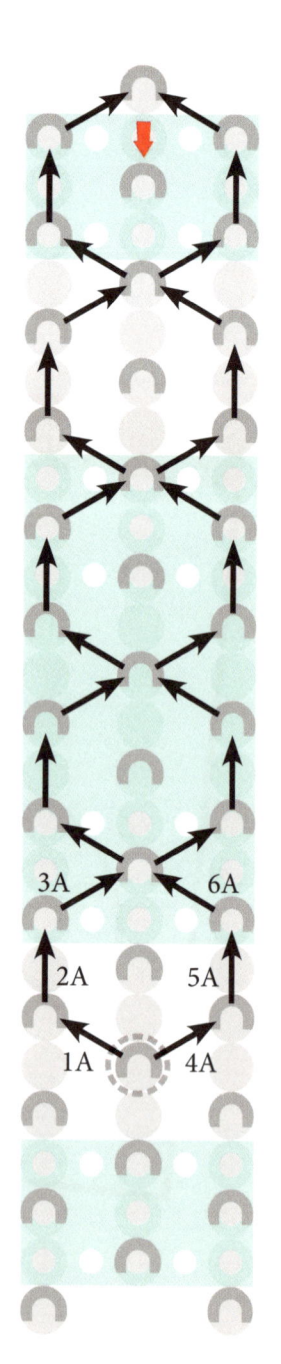

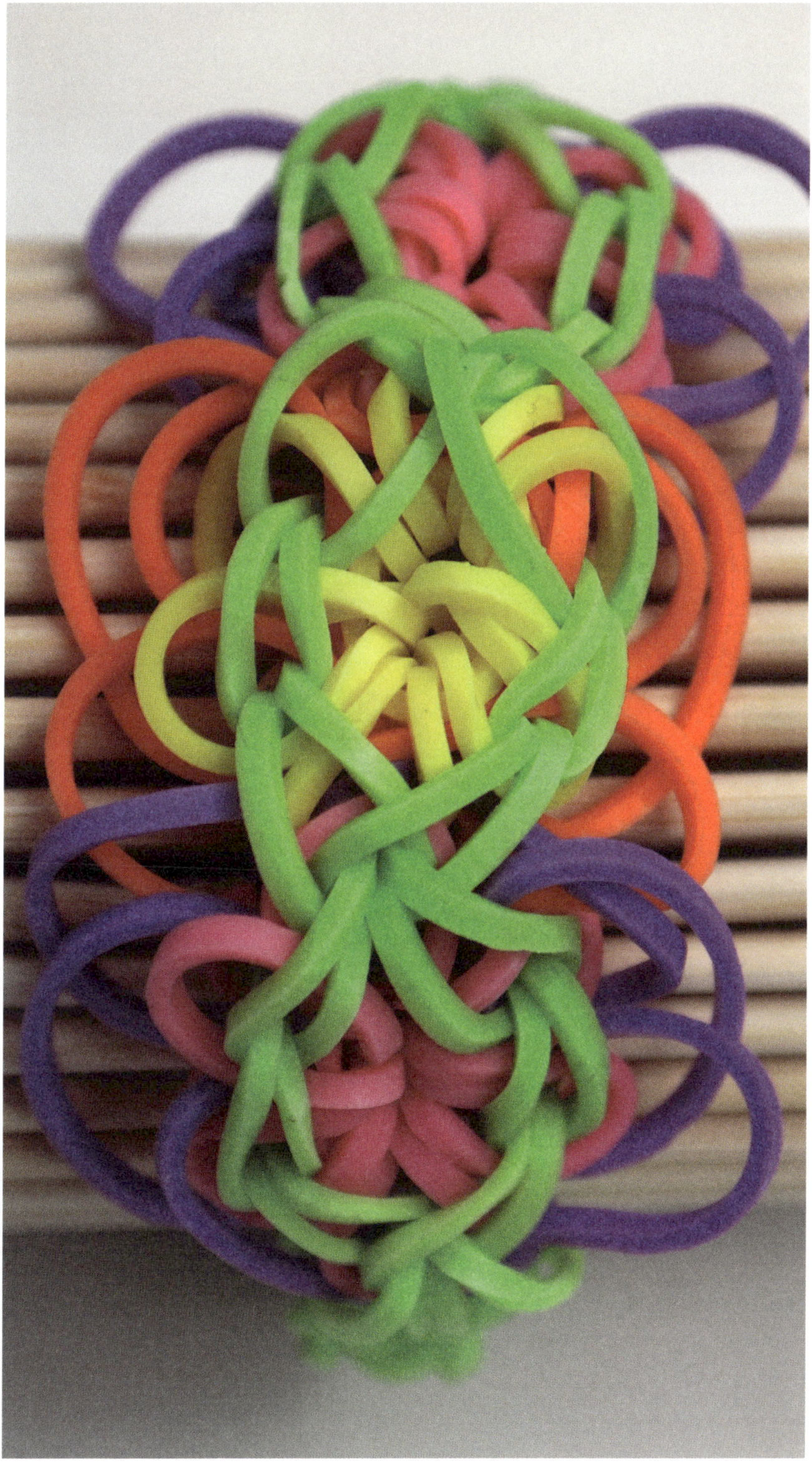

Regenbogenblüten-Anhänger
Profis

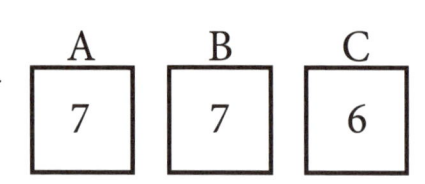

A	B	C
7	7	6

EINSPANNEN DER GUMMIBÄNDER

Schritt 1: Dreht den Loom so, dass der rote Pfeil von euch weg zeigt. Für dieses Design wird nur ein kleiner Abschnitt des Looms verwendet. Daher ist auf den Abbildungen nur der untere Loom-Bereich zu sehen.

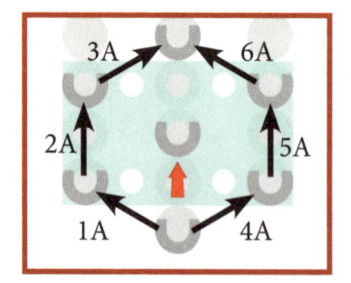

Schritt 2: Spannt die Gummibänder 1 bis 3 ein.

Schritt 3: Spannt die Gummibänder 4 bis 6 ein.

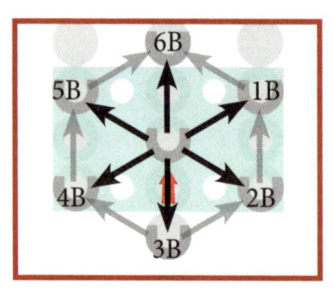

Schritt 4: Spannt die Gummibänder 1 bis 6 ein.

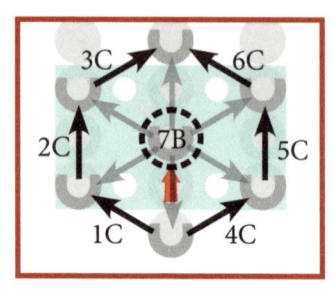

Schritt 5: Spannt die Gummibänder 1 bis 3 ein.

Schritt 6: Spannt die Gummibänder 4 bis 6 ein.

Schritt 7: Spannt das Endgummiband 7 ein.

VERKNÜPFEN DER GUMMIBÄNDER

Schritt 8: Dreht den Loom so, dass der rote Pfeil zu euch zeigt.

Schritt 9: Verknüpft die Gummibänder 1 bis 6, wie in der Abbildung rechts dargestellt.

Schritt 10: Verknüpft die Gummibänder 1 bis 3.

Schritt 11: Verknüpft die Gummibänder 4 bis 6.

Schritt 12: Dreht den Loom so, dass der rote Pfeil von euch weg zeigt.

Schritt 13: Hebt die Gummibänder der Farbe „C" über den mittleren Stift und legt sie dahinter ab. Hebt zuerst das erste Band rechts hoch, dann das Band links, wie auf den beiden Fotos rechts zu sehen ist.

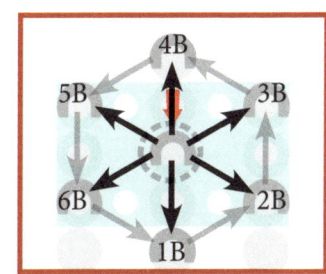

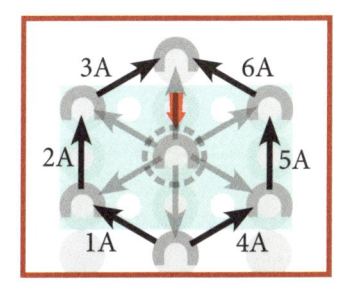

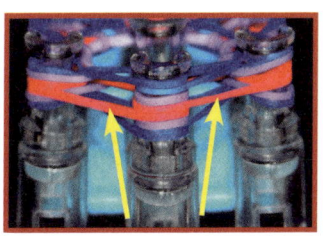

Hebt diese beiden roten Gummibänder „C" über den mittleren Stift.

Schritt 14: Schließt mit einem Gummiband der Farbe „A" ab und macht einen Knoten.

Seht euch in diesem kurzen Video an, wie ihr den Regenbogenblüten-Anhänger fertigstellt.

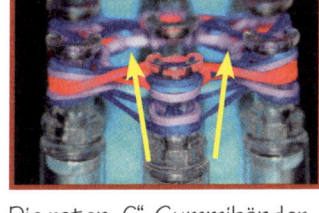

Die roten „C"-Gummibänder wurden hinter den mittleren Stift gehoben.

Nelken-Armband
Profis
Von Ally Aufman Wexford, PA

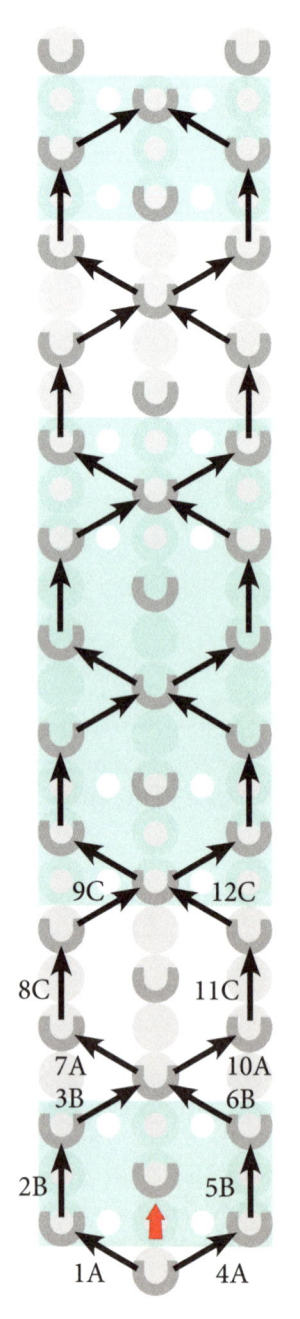

A	B	C
14	30	30

EINSPANNEN DER GUMMIBÄNDER

Schritt 1: Dreht den Loom so, dass der rote Pfeil von euch weg zeigt.

Schritt 2: Spannt die Gummibänder 1 bis 12 ein.

Schritt 3: Wiederholt dieses Muster bis zum Ende des Looms.

Zum Ausprobieren
Farbvorschläge: A (grün)
B (weiß)
C (pink)

EINSPANNEN DER GUMMIBÄNDER

Schritt 4: Spannt die Gummibänder 1 bis 12 ein, wie in der Abbildung dargestellt.

Schritt 5: Wiederholt dieses Muster bis zum Ende des Looms.

Schritt 6: Spannt auf den letzten Stift ein Endgummiband mit dem Farbcode „A" ein, wie in der Abbildung dargestellt. Siehe „Herstellung von Endgummibändern" auf Seite 16.

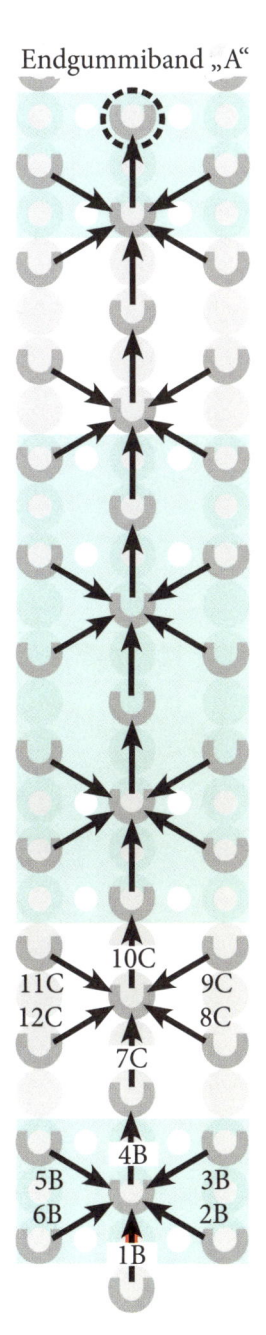

Endgummiband „A"

Nelken-Armband
Profis

VERKNÜPFEN DER GUMMIBÄNDER

Schritt 7: Dreht den Loom so, dass der rote Pfeil zu euch zeigt.

Schritt 8: Verknüpft die Gummibänder 1 bis 24.

Schritt 9: Wiederholt dieses Muster bis zum Ende des Looms.

Schritt 10: Endet mit einem Gummiband der Farbe „A" und geht zu „Fertigstellung eures Armbands" auf Seite 20.

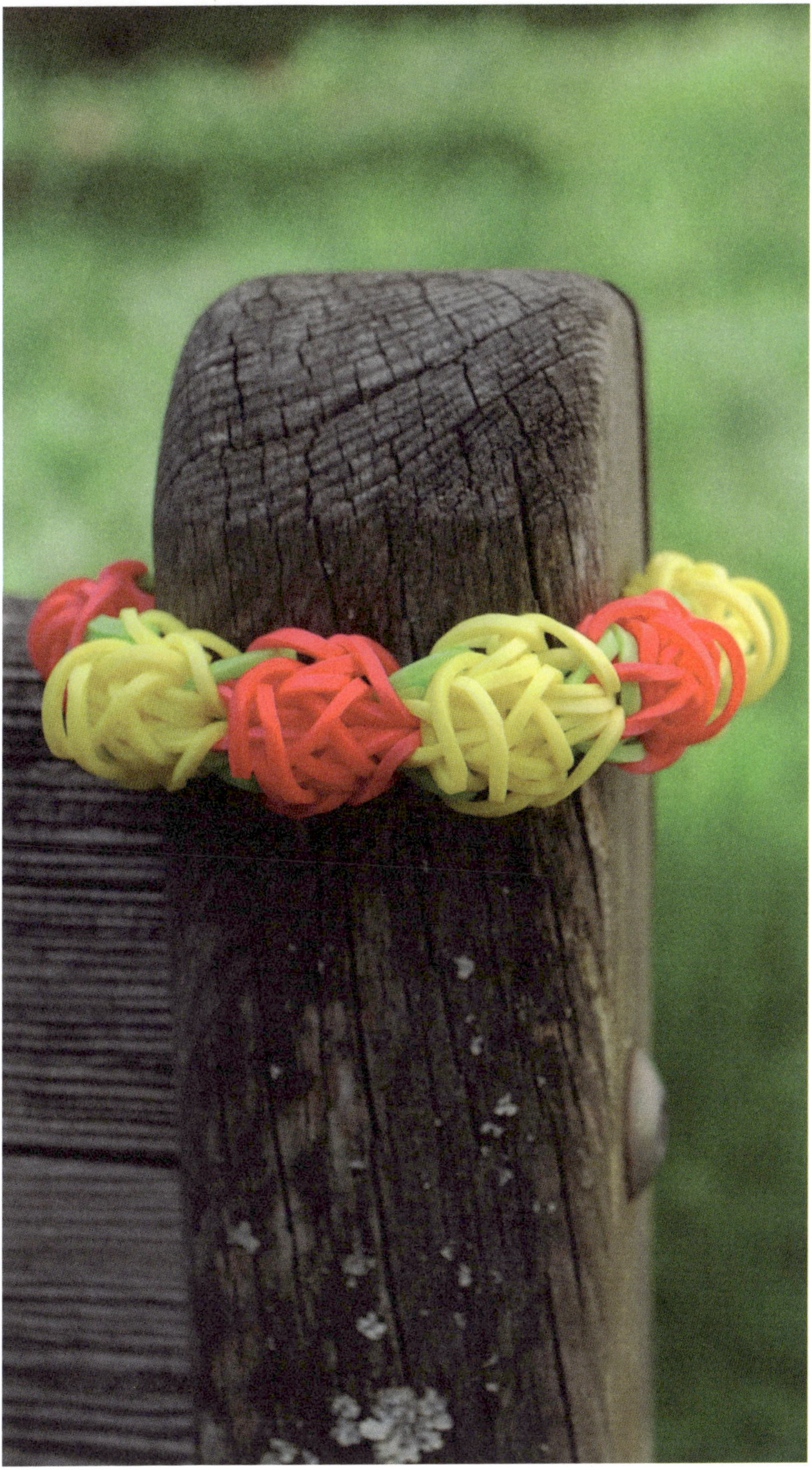

Paradiesvogel-Armband
Profis

A	B	C
48	12	20

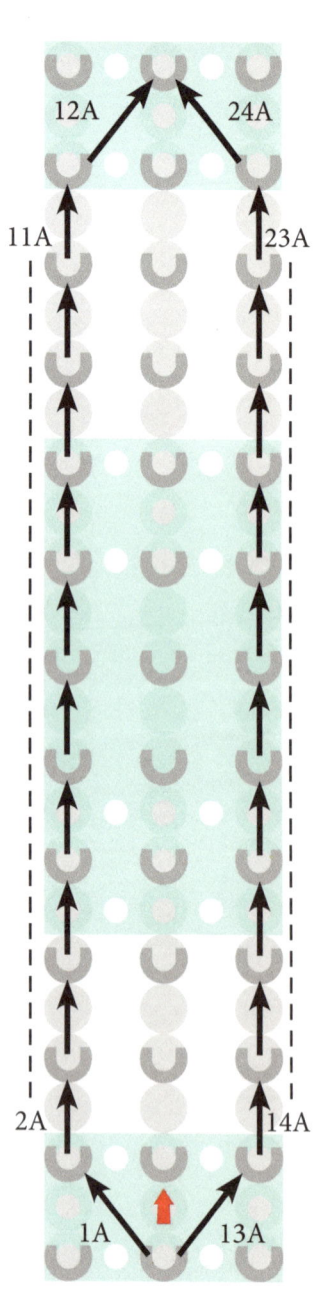

EINSPANNEN DER GUMMIBÄNDER

Schritt 1: Baut den Loom von einer „versetzten" in eine „rechteckige" Konfiguration um. Wie das geht, erfahrt ihr unter „Loom-Konfigurationen" auf Seite 192.

Schritt 2: Dreht den Loom so, dass der rote Pfeil von euch weg zeigt.

Schritt 3: Spannt die Gummibänder 1 bis 12 ein.

Schritt 4: Spannt die Gummibänder 13 bis 24 ein.

EINSPANNEN DER GUMMIBÄNDER

Schritt 5: Spannt das Gummiband 1, wie in der Abbildung dargestellt.

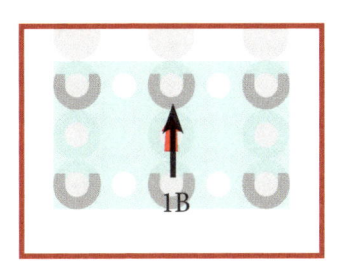

Schritt 6: Spannt die Gummibänder 1 bis 5 ein, wie in der Abbildung rechts dargestellt.

Schritt 7: Wiederholt die Muster 1 bis 5 bis zum vorletzten Stift des Looms.

Schritt 8: Spannt am Ende des Looms die Gummibänder 1, 2 und 3 ein.

Schritt 9: Spannt auf den letzten Stift ein Endgummiband mit dem Farbcode „A" ein, wie in der Abbildung dargestellt. Siehe „Herstellung von Endgummibändern" auf Seite 16.

Paradiesvogel-Armband
Profis

VERKNÜPFEN DER GUMMIBÄNDER

Schritt 10: Dreht den Loom so, dass der rote Pfeil zu euch zeigt.

Schritt 11: Verknüpft in Reihe 1 die Gummibänder 1 bis 3.

Schritt 12: Verknüpft in Reihe 2 die Gummibänder 1 bis 7. Das Muster seht ihr in der folgenden Abbildung.

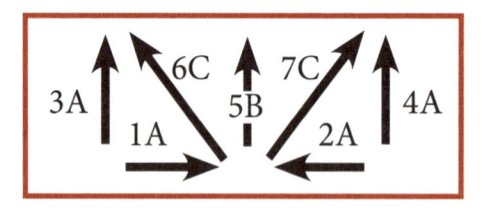

Schritt 13: In den Reihen 3 bis 11 wiederholt ihr das Muster der Reihe 2.

Schritt 14: In Reihe 12 verknüpft ihr die Gummibänder 1 bis 5, wie in der Abbildung rechts dargestellt.

Schritt 15: Endet mit einem Gummiband der Farbe „A" und geht zu „Fertigstellung eures Armbands" auf Seite 20.

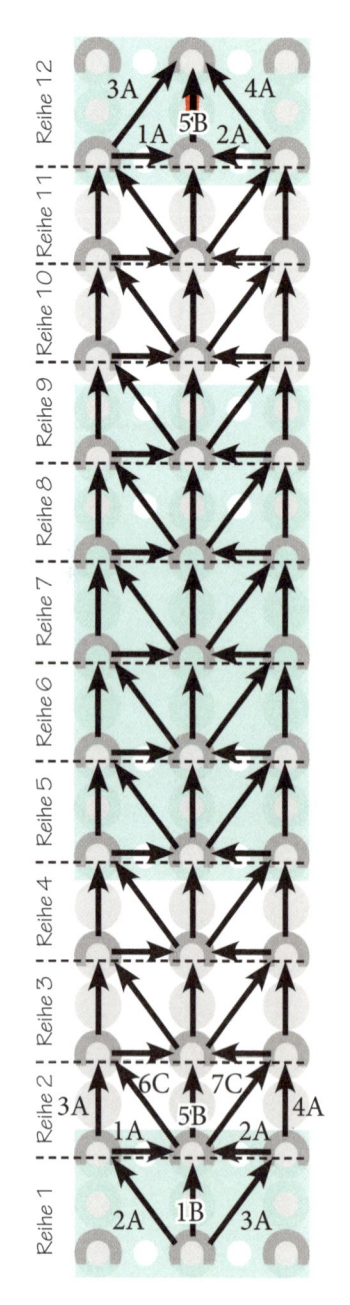

167

Deltaflügel-Armband
Profis

A	B	C
38	22	20

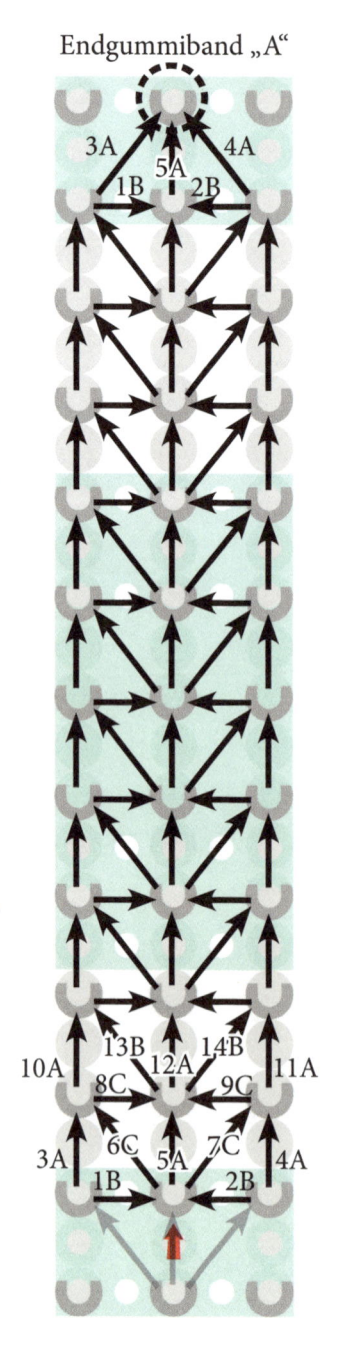

EINSPANNEN DER GUMMIBÄNDER

Schritt 1: Baut den Loom von einer „versetzten" in eine „rechteckige" Konfiguration um.

Schritt 2: Dreht den Loom so, dass der rote Pfeil von euch weg zeigt.

Schritt 3: Spannt die Gummibänder 1 bis 3 ein, wie in der nachfolgenden Abbildung dargestellt.

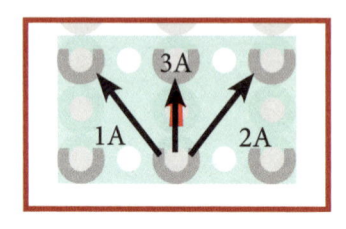

Schritt 4: Spannt die Gummibänder 1 bis 14 ein, wie in der Abbildung rechts dargestellt.

Schritt 5: Wiederholt das Muster noch viermal. Wie ihr die Gummibänder der letzten Reihen 1 bis 5 einspannt, seht ihr in der Abbildung rechts.

Schritt 6: Spannt auf den letzten Stift ein Endgummiband mit dem Farbcode „A" ein, wie in der Abbildung dargestellt.

168

VERKNÜPFEN DER GUMMIBÄNDER

Schritt 7: Dreht den Loom so, dass der rote Pfeil zu euch zeigt.

Schritt 8: Verknüpft die Gummibänder 1 bis 3, wie in der folgenden Abbildung dargestellt.

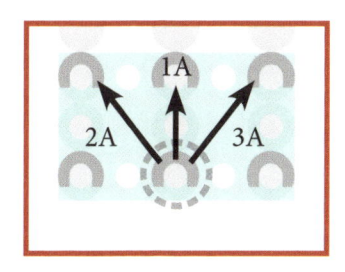

Schritt 9: Verknüpft die Gummibänder 1 bis 14, wie in der Abbildung rechts dargestellt.

Schritt 10: Wiederholt das Muster noch viermal.

Schritt 11: Verknüpft die Bänder 1 bis 5 bis zum Ende des Looms.

Schritt 12: Endet mit einem Gummiband der Farbe „A" und geht zu „Fertigstellung eures Armbands" auf Seite 20.

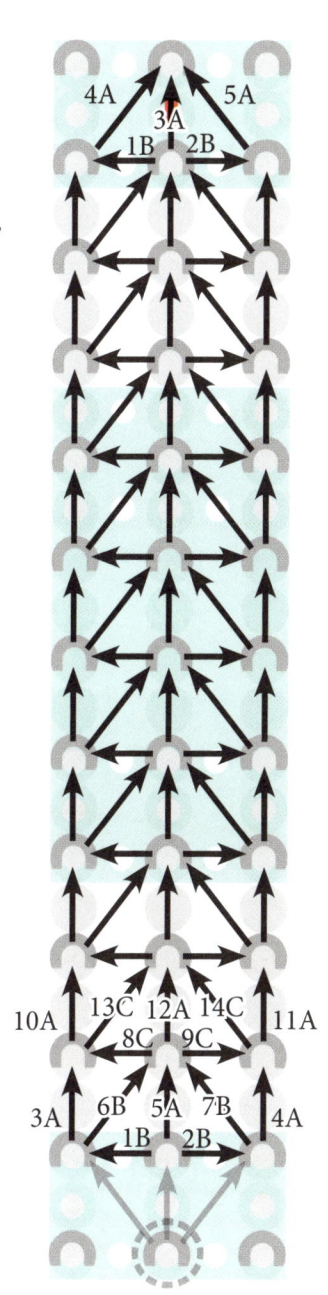

169

Totempfahl-Armband
Profis

A	B	C
38	22	20

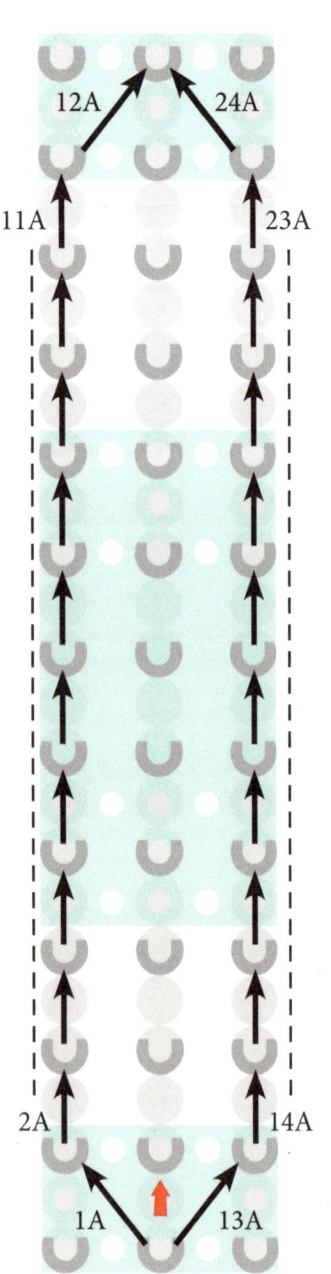

EINSPANNEN DER GUMMIBÄNDER

Schritt 1: Baut den Loom von einer „versetzten" in eine „rechteckige" Konfiguration um. Wie das geht, erfahrt ihr unter „Loom-Konfigurationen" auf Seite 192.

Schritt 2: Dreht den Loom so, dass der rote Pfeil von euch weg zeigt.

Schritt 3: Spannt die Gummibänder 1 bis 12 ein.

Schritt 4: Spannt die Gummibänder 13 bis 24 ein.

EINSPANNEN DER GUMMIBÄNDER

Schritt 5: Spannt die Gummibänder 1 bis 3 ein, wie in der nachfolgenden Abbildung dargestellt.

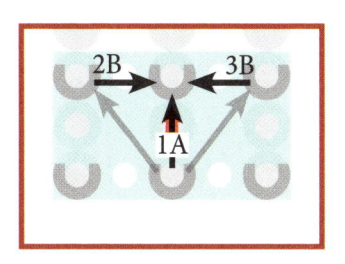

Schritt 6: Spannt die Gummibänder 1 bis 10 ein, wie in der Abbildung rechts dargestellt. Das Muster ist auch nachfolgend abgebildet.

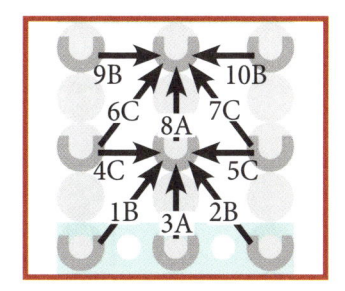

Schritt 7: Wiederholt dieses Muster noch viermal.

Schritt 8: Spannt das Gummiband, das in der Abbildung mit „1A" gekennzeichnet ist, am Ende des Looms ein.

Schritt 9: Spannt auf den letzten Stift ein Endgummiband mit dem Farbcode „A" ein, wie in der Abbildung dargestellt. Siehe „Herstellung von Endgummibändern" auf Seite 16.

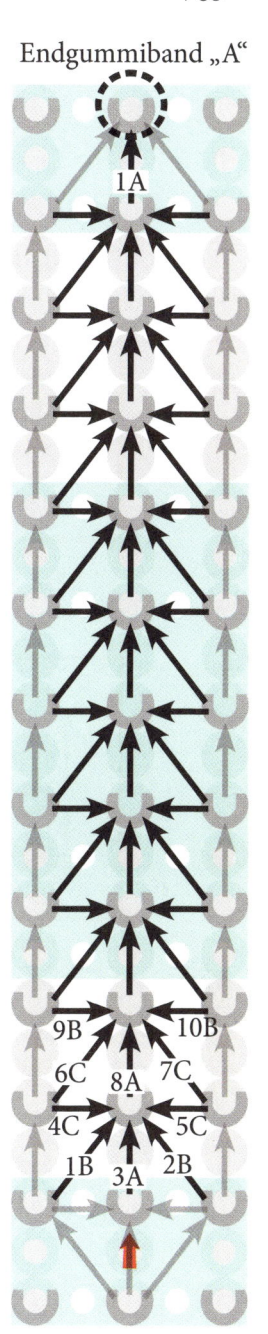

Endgummiband „A"

171

Totempfahl-Armband
Profis

VERKNÜPFEN DER GUMMIBÄNDER

Schritt 10: Dreht den Loom so, dass der rote Pfeil zu euch zeigt.

Schritt 11: Verknüpft die Gummibänder 1 bis 5, wie in der folgenden Abbildung dargestellt.

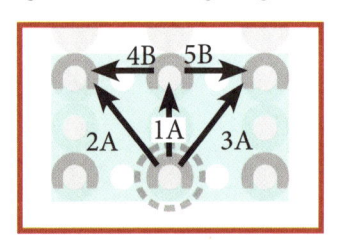

Schritt 12: Verknüpft die Gummibänder 1 bis 14, wie unten und in der Abbildung rechts dargestellt.

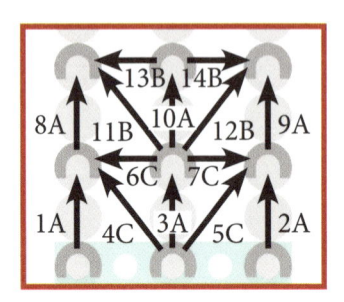

Schritt 13: Wiederholt das Muster noch viermal.

Schritt 14: Verknüpft die Gummibänder 1 bis 3 am Ende des Looms, wie in der Abbildung rechts dargestellt.

Schritt 15: Endet mit einem Gummiband der Farbe „A" und geht zu „Fertigstellung eures Armbands" auf Seite 20.

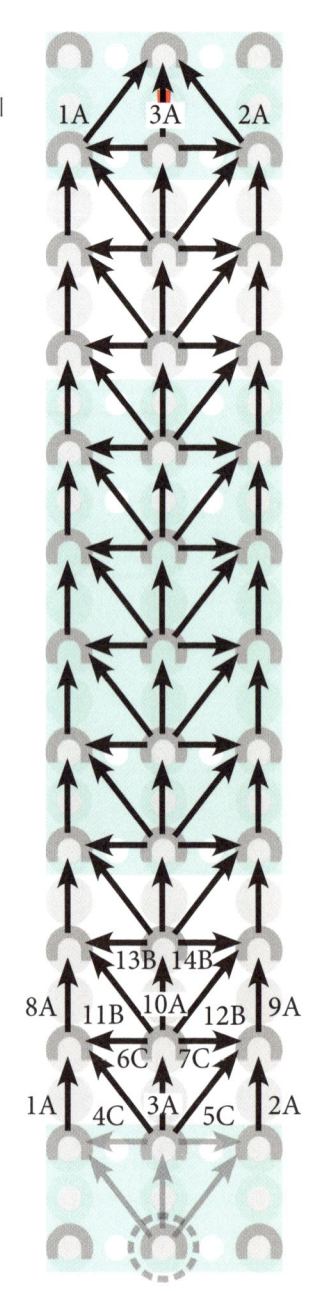

Fens fantastisches Armband
Profis

Benannt nach Fen Chan, Choons Frau

A	B	C
28	28	28

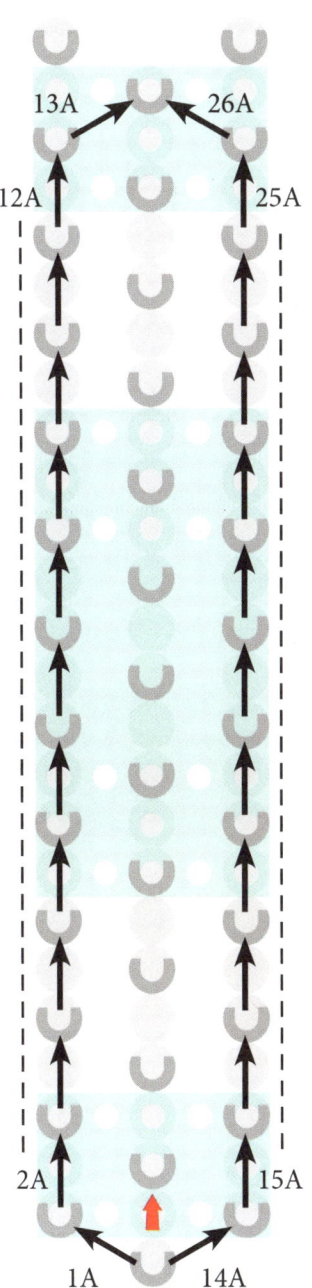

EINSPANNEN DER GUMMIBÄNDER

Schritt 1: Dreht den Loom so, dass der rote Pfeil von euch weg zeigt.

Schritt 2: Spannt die Gummibänder 1 bis 13 ein.

Schritt 3: Spannt die Gummibänder 14 bis 26 ein.

173

Fens fantastisches Armband
Profis

EINSPANNEN DER GUMMIBÄNDER

Schritt 4: Spannt die Gummibänder 1 bis 3 ein, wie in der folgenden Abbildung dargestellt.

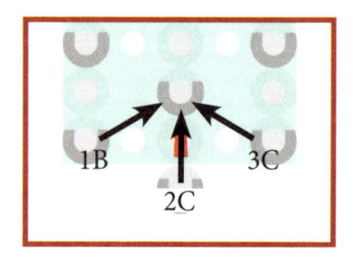

Schritt 5: Spannt die Gummibänder 1 bis 10 ein, wie in der Abbildung rechts dargestellt.

Schritt 6: Wiederholt dieses Muster bis zum Ende des Looms. Spannt am Ende des Looms die Gummibänder 9 und 10 nicht ein.

Schritt 7: Spannt auf den letzten Stift ein Endgummiband mit dem Farbcode „A" ein. Siehe „Herstellung von Endgummibändern" auf Seite 16.

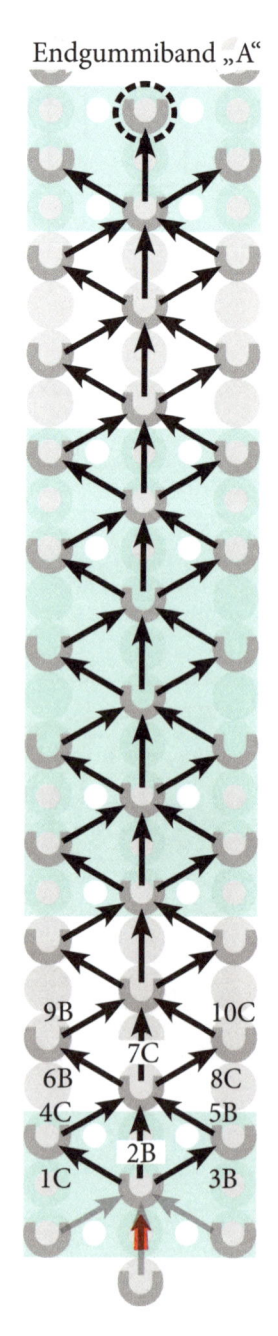

Endgummiband „A"

VERKNÜPFEN DER GUMMIBÄNDER

Schritt 8: Dreht den Loom so, dass der rote Pfeil zu euch zeigt.

Schritt 9: Verknüpft die Gummibänder 1 bis 3, wie in der folgenden Abbildung dargestellt.

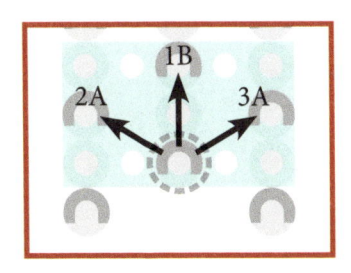

Schritt 10: Verknüpft die Gummibänder 1 bis 14, wie in der Abbildung rechts dargestellt.

Schritt 11: Wiederholt das Muster noch viermal.

Schritt 12: Verknüpft die Gummibänder 1 bis 9, wie oben in der Abbildung dargestellt.

Schritt 13: Endet mit einem Gummiband der Farbe „A" und geht zu „Fertigstellung eures Armbands" auf Seite 20.

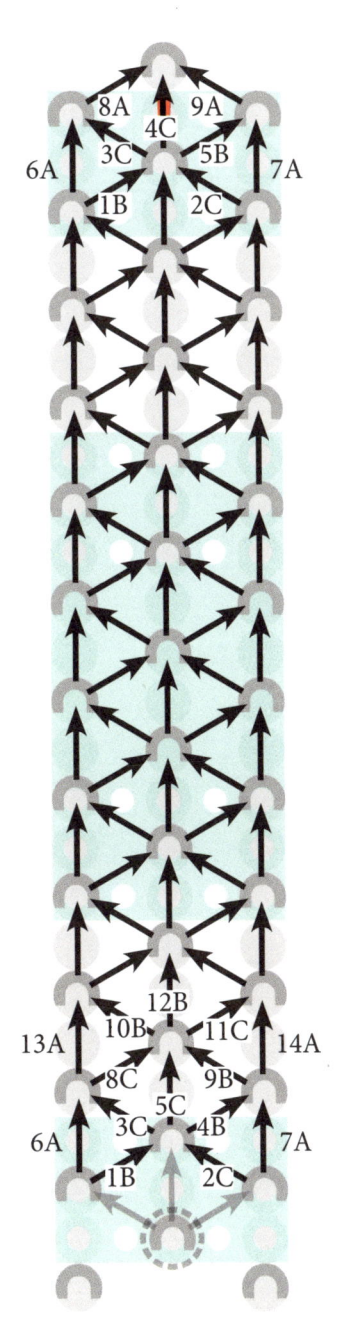

175

Feder-Armband
Profis

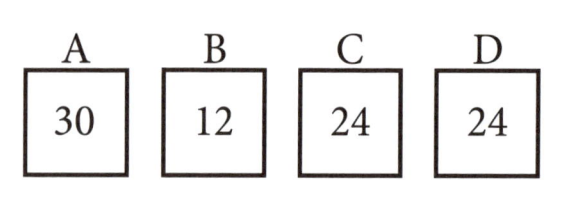

A	B	C	D
30	12	24	24

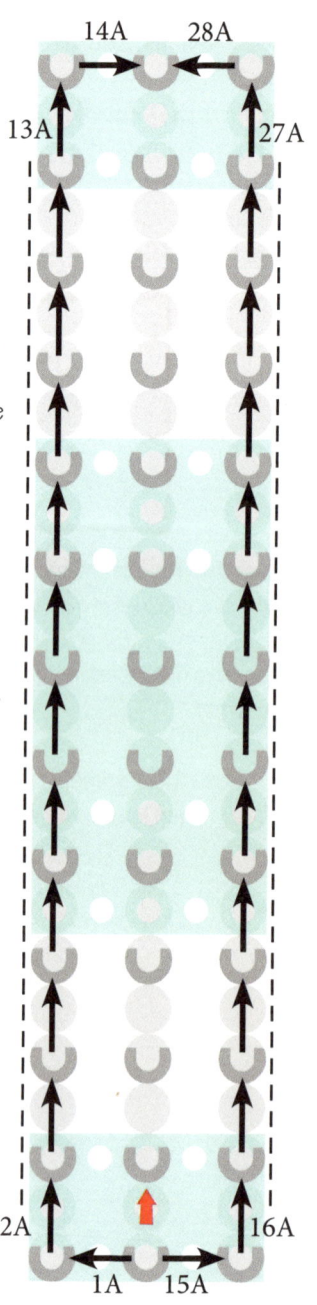

EINSPANNEN DER GUMMIBÄNDER

Schritt 1: Baut den Loom von einer „versetzten" in eine „rechteckige" Konfiguration um. Wie das geht, erfahrt ihr unter „Loom-Konfigurationen" auf Seite 192.

Schritt 2: Dreht den Loom so, dass der rote Pfeil von euch weg zeigt.

Schritt 3: Spannt die Gummibänder 1 bis 14 ein.

Schritt 4: Spannt die Gummibänder 15 bis 28 ein.

Schritt 5: Schiebt alle Gummibänder an den Stiften nach unten.

EINSPANNEN DER GUMMIBÄNDER

Schritt 6: Spannt die Gummibänder 1 bis 3 ein.

Schritt 7: Wiederholt dieses Muster bis zum Ende des Looms.

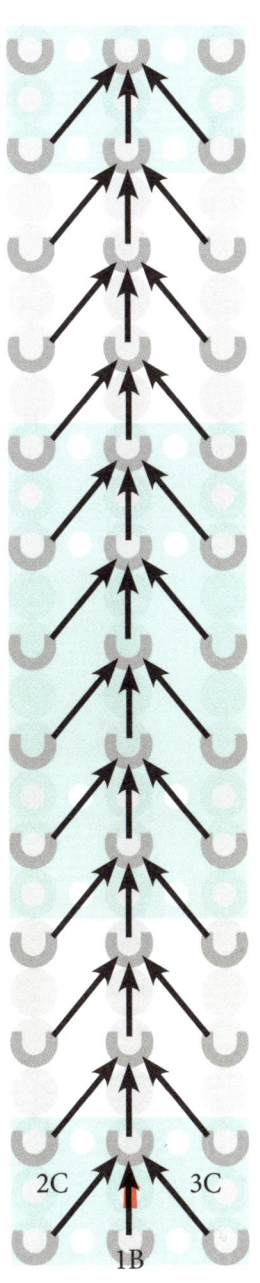

Feder-Armband
Profis

EINSPANNEN DER GUMMIBÄNDER

Schritt 8: Spannt die Gummibänder 1 und 2 ein.

Schritt 9: Wiederholt dieses Muster bis zum Ende des Looms.

Schritt 10: Spannt ein Endgummiband der Farbe „A" ein, wie abgebildet.

Schritt 11: Schiebt alle Gummibänder an den Stiften nach unten. Dieses Design ist schwierig und erfordert etwas Geduld. Haltet euch daher unbedingt an das Muster.

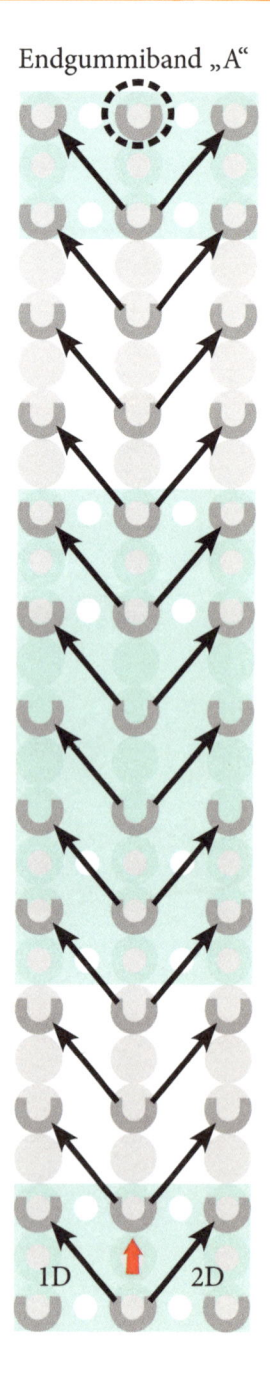

Endgummiband „A"

1D   2D

Feder-Armband
Profis

VERKNÜPFEN DER GUMMIBÄNDER

Schritt 12: Dreht den Loom so, dass der rote Pfeil zu euch zeigt.

Schritt 13: Startet in Reihe 1 und verknüpft die Gummibänder 1 bis 9, wie nachfolgend dargestellt.

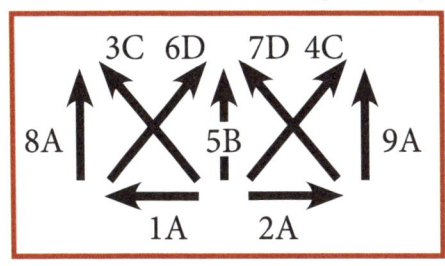

```
        3C  6D   7D  4C
8A       X   5B   X      9A
         1A       2A
```

Schritt 14: Startet in Reihe 2 und verknüpft die Gummibänder 1 bis 7, wie nachfolgend dargestellt. Wiederholt dieses Muster in den Reihen 3 bis 11.

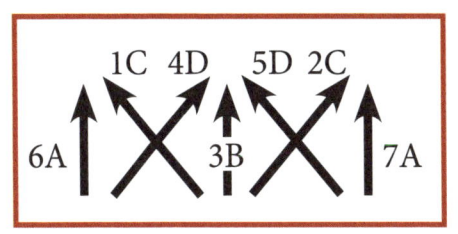

```
        1C  4D   5D  2C
6A       X   3B   X      7A
```

Schritt 15: Startet in Reihe 12 und verknüpft die Gummibänder 1 bis 9, wie nachfolgend dargestellt.

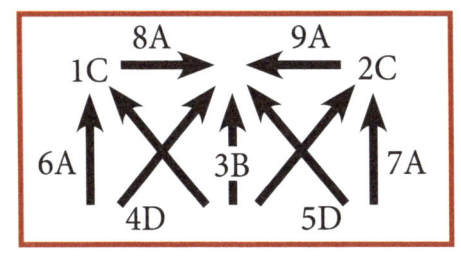

```
        8A →    ← 9A
   1C                 2C
6A       X   3B   X      7A
         4D       5D
```

Schritt 16: Endet mit einem Gummiband der Farbe „A" und geht zu „Fertigstellung eures Armbands" auf Seite 20.

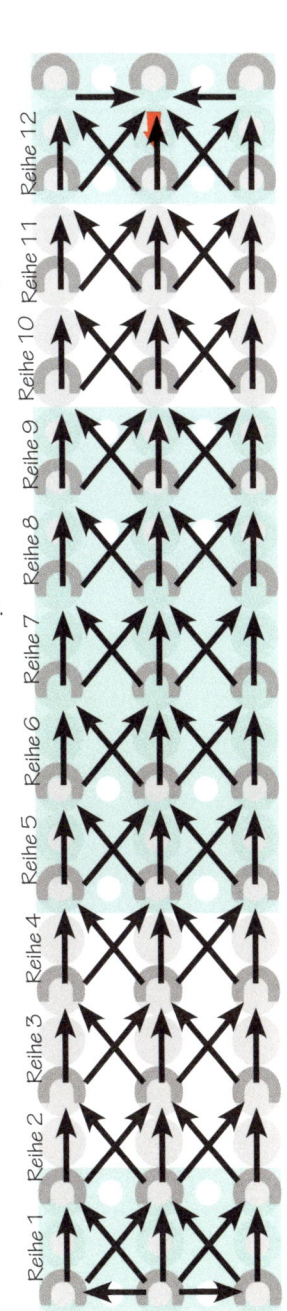

179

Konfetti-Kreuz-Armband
Profis
Von Kylee Crawford Reno, NV

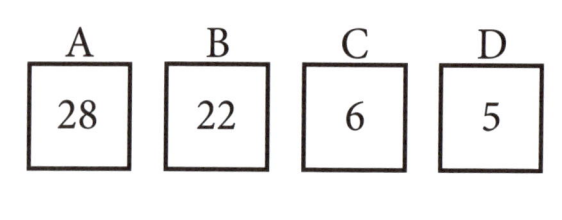

A	B	C	D
28	22	6	5

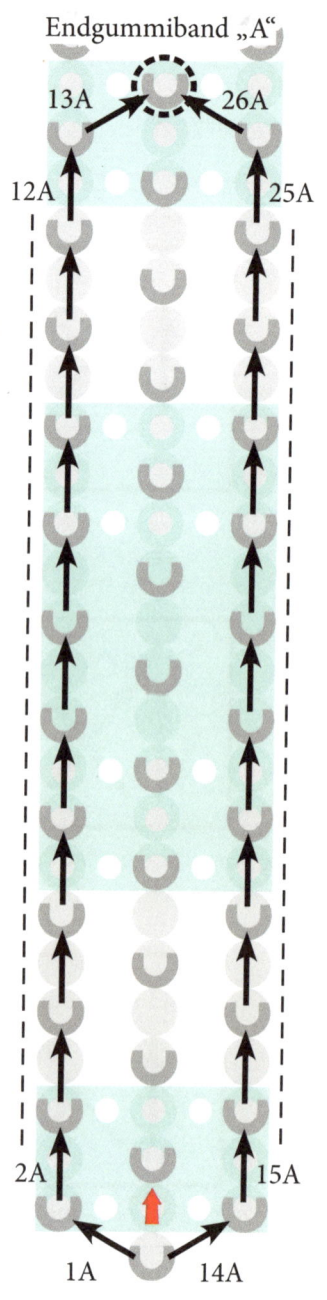

Endgummiband „A"

EINSPANNEN DER GUMMIBÄNDER

Schritt 1: Dreht den Loom so, dass der rote Pfeil von euch weg zeigt.

Schritt 2: Spannt die Gummibänder 1 bis 13 ein.

Schritt 3: Spannt die Gummibänder 14 bis 26 ein.

Schritt 4: Spannt auf den letzten Stift ein Endgummiband mit dem Farbcode „A" ein, wie in der Abbildung dargestellt. Siehe „Herstellung von Endgummibändern" auf Seite 16.

EINSPANNEN DER GUMMIBÄNDER

Schritt 5: Spannt die Gummibänder 1 bis 11 ein. Rechts seht ihr, wie diese über drei Stifte gespannten Gummibänder ein Dreieck bilden.

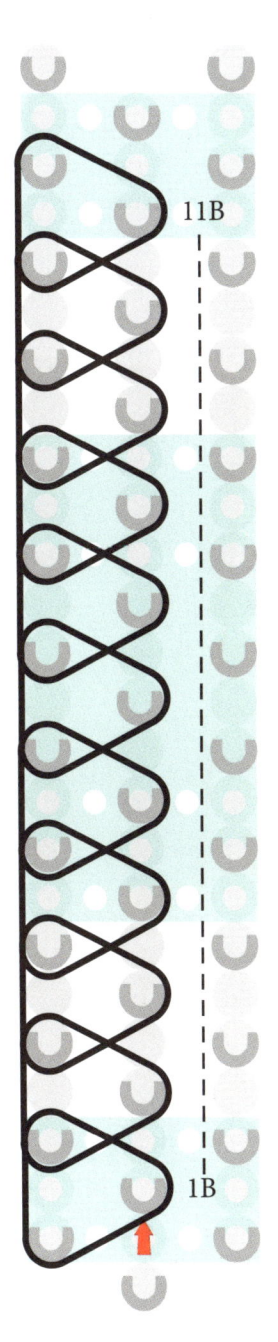

11B

1B

Konfetti-Kreuz-Armband
Profis

EINSPANNEN DER GUMMIBÄNDER

Schritt 6: Spannt die Gummibänder 1 bis 11 ein. Wie in Schritt 5 werden die Gummibänder über drei Stifte gespannt und bilden so ein Dreieck.

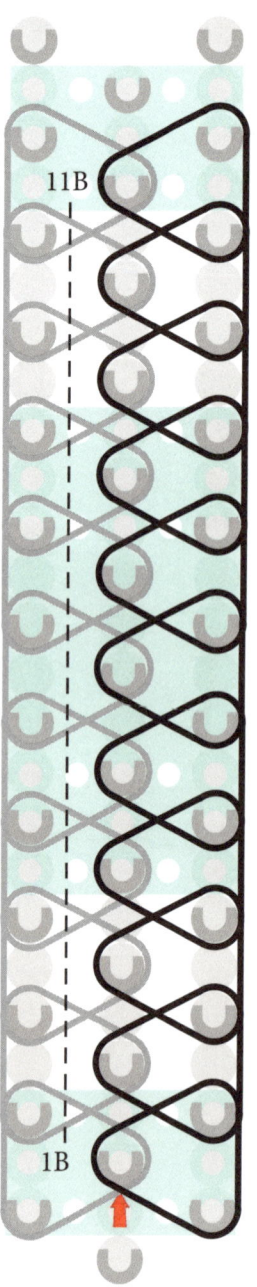

Konfetti-Kreuz-Armband
Profis

EINSPANNEN DER GUMMIBÄNDER

Schritt 7: Spannt „doppelte" Endgummibänder von 1 bis 11 ein, wechselt dabei die Farben „C" und „D". Ihr könnt mit den doppelten Endgummibändern aber auch ein Regenbogenmuster machen.

Ein doppeltes Endgummiband ist ein Gummiband, das viermal um den Stift gezogen wird, anstatt zweimal wie beim normalen Endgummiband.

Am einfachsten geht es, wenn ihr ein Gummiband insgesamt viermal über den Drehverschluss eines Lippenpflegestifts oder über euren Mini-Loom wickelt, dann auf den Stift legt und das Endgummiband auf den Stift schiebt.

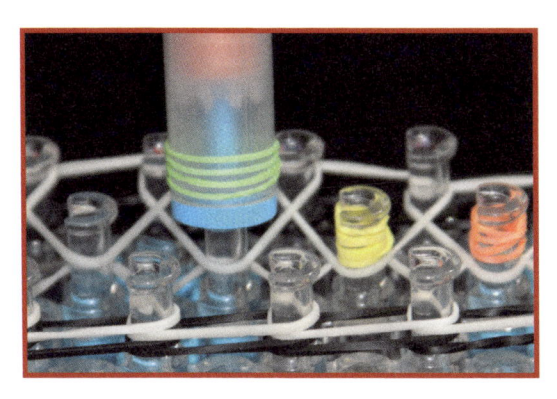

Herstellung eines doppelten Endgummibands.

1-61

Eine andere Möglichkeit ist diese: Wickelt einfach ein Gummiband viermal um den Haken, wobei dies sicher schwieriger ist.

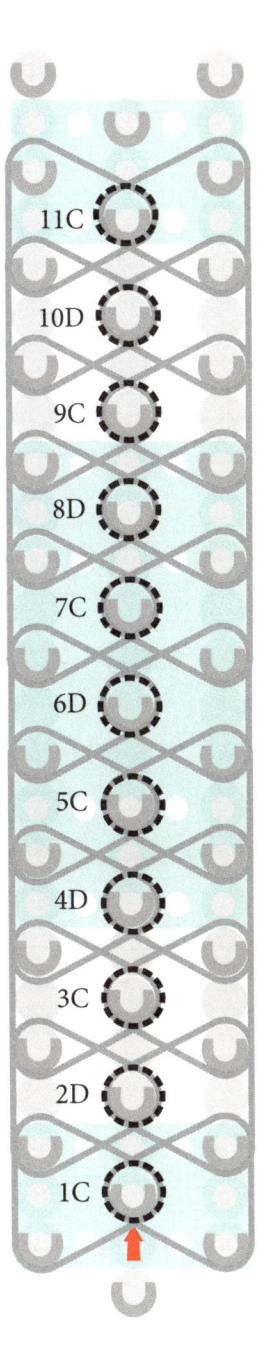

Konfetti-Kreuz-Armband
Profis

VERKNÜPFEN DER GUMMIBÄNDER

Schritt 8: Dreht den Loom so, dass der rote Pfeil zu euch zeigt.

Schritt 9: Zieht jedes Dreieck-Gummiband auf die linke Seite, und zwar die Gummibänder 1 bis 11 der Abbildung entsprechend. Damit die Abbildung einfacher zu verstehen ist, ist das erste Gummiband rot eingezeichnet.

Um die Dreieck-Gummibänder zu verknüpfen, greift innen in das doppelte Endgummiband, fasst das dreieckige Gummiband und zieht es dann über beide Stifte zur äußeren Reihe des Looms. Wenn ihr es richtig gemacht habt, sieht es so aus wie auf dem Foto unten. Haltet das Endgummiband beim Verknüpfen mit eurem Finger fest.

Beachtet, wie das Dreieck-Gummiband durch das grüne Endgummiband und über die beiden äußeren Stifte gezogen wurde.

1-62

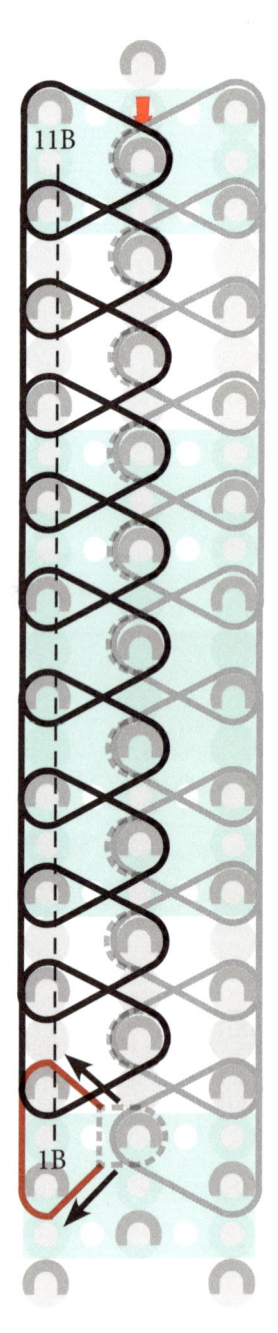

Konfetti-Kreuz-Armband
Profis

VERKNÜPFEN DER GUMMIBÄNDER

Schritt 10: Wiederholt das Ganze auf der rechten Seite des Looms für die Dreieck-Gummibänder 1 bis 11 wie in der Abbildung rechts dargestellt.

Konfetti-Kreuz-Armband
Profis

VERKNÜPFEN DER GUMMIBÄNDER

Schritt 11: Verknüpft die Gummibänder 1 bis 13.

Schritt 12: Verknüpft die Gummibänder 14 bis 26.

Schritt 13: Endet mit einem Gummiband der Farbe „A" und geht zu „Fertigstellung eures Armbands" auf Seite 20.

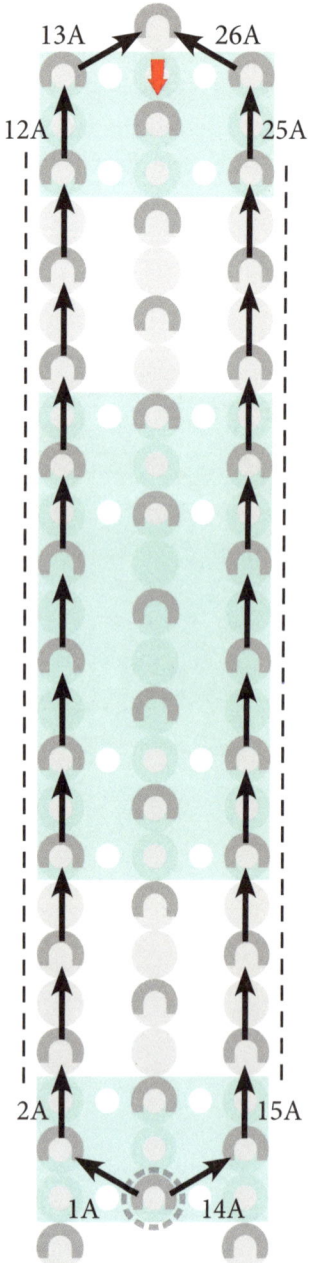

187

Hibiskus-Armband
Profis

Vorschlag von Madeline Grasso Cumming, GA

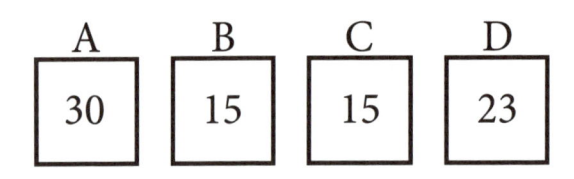

A	B	C	D
30	15	15	23

EINSPANNEN DER GUMMIBÄNDER

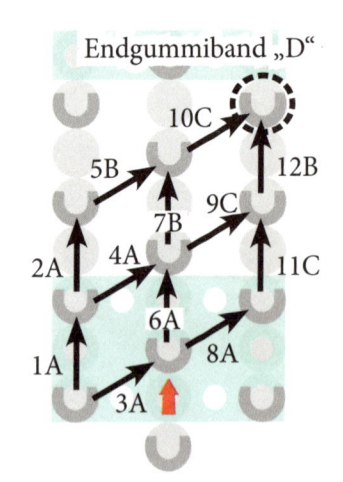

Schritt 1: Dreht den Loom so, dass der rote Pfeil von euch weg zeigt.

Schritt 2: Spannt die Gummibänder 1 bis 12 ein, wie in der Abbildung rechts dargestellt.

Schritt 3: Spannt für das erste Blütenblatt ein Endgummiband der Farbe „D" ein, wie in der Abbildung dargestellt. Für die anderen 4 Blütenblätter werdet ihr das Endgummiband des ersten Blütenblatts, das ihr gemacht habt, verwenden. Letztendlich werden 5 Blütenblätter am selben Endgummiband angebracht sein.

VERKNÜPFEN DER GUMMIBÄNDER

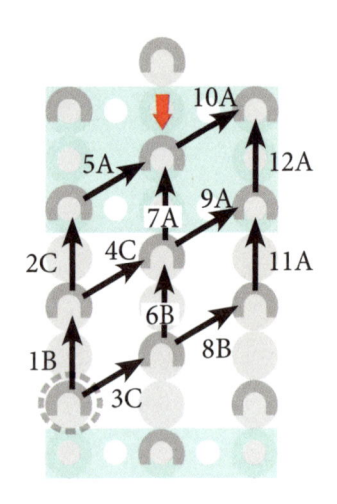

Schritt 4: Dreht den Loom so, dass der rote Pfeil auf euch zeigt.

Schritt 5: Verknüpft die Gummibänder 1 bis 12.

Schritt 6: Gebt einen C-Clip über die Gummibänder 10 und 12 und zieht das Blütenblatt vom Loom ab. Legt das Blütenblatt zur Seite. Bald werden weitere Blütenblätter hinzukommen.

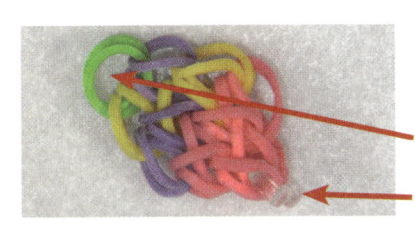

Auf dem Bild seht ihr das erste Blütenblatt.

Beachtet das Endgummiband. Im nächsten Schritt werden an diesem Endgummiband 4 weitere Blütenblätter befestigt.

Der C-Clip ist die Spitze des Blütenblatts.

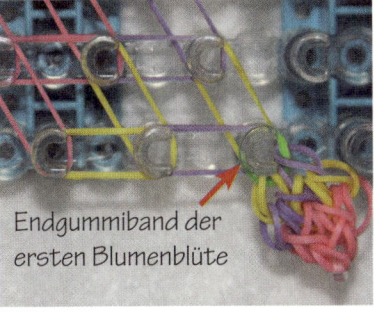

Für jedes weitere Blütenblatt wird dasselbe Endgummiband verwendet wie für das erste Blütenblatt (siehe Foto).

Schritt 7: Wiederholt die Schritte 1 bis 6 noch viermal, damit eure Blume vier weitere Blütenblätter erhält.

So entsteht am Ende eine Blume mit 5 Blumenblättern, die alle an demselben Endgummiband angebracht sind.

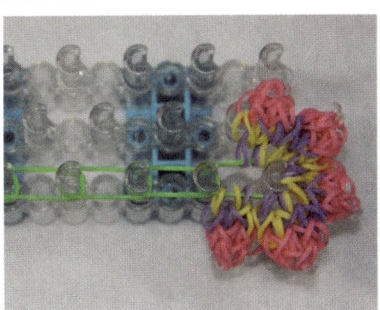

Schritt 8: Für ein Armband mit der Hibiskus-Blüte erstellt ihr eine Einfach-Kette mit 11 Gummibändern der Farbe „D". Schiebt die Blumenblätter der Hibiskus-Blüte zur Seite und nehmt das Endgummiband der Blume als 12. Gummiband der Einfach-Kette (siehe Foto).

Schritt 9: Verknüpft die Einfach-Kette und setzt am Schluss einen C-Clip auf.

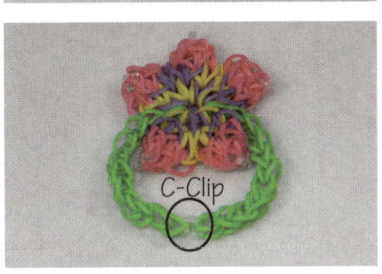

Schritt 10: Fügt 11 weitere Gummibänder der Farbe „D" in einer Einfach-Kette an der anderen Seite des Endgummibands in der Mitte der Hibiskus-Blüte hinzu. Stellt das Armband fertig. Verbindet hierfür die beiden Enden des Einfach-Ketten-Armbands mit dem C-Clip, der in Schritt 9 angebracht wurde.

Hinweis

Bei einem stärkeren Handgelenk benötigt ihr für eine Einfach-Kette möglicherweise mehr als 22 Gummibänder.

189

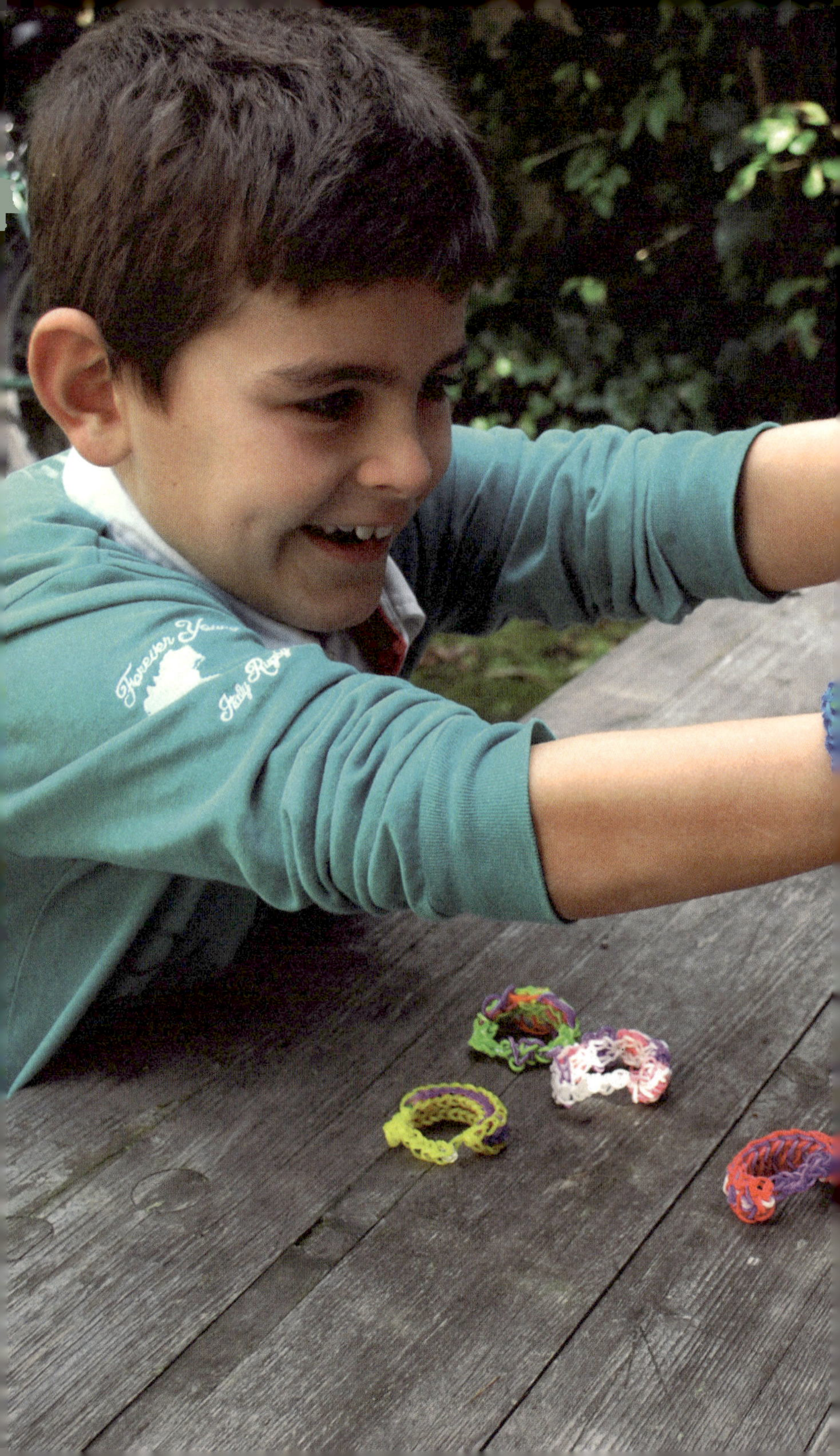

Anhang

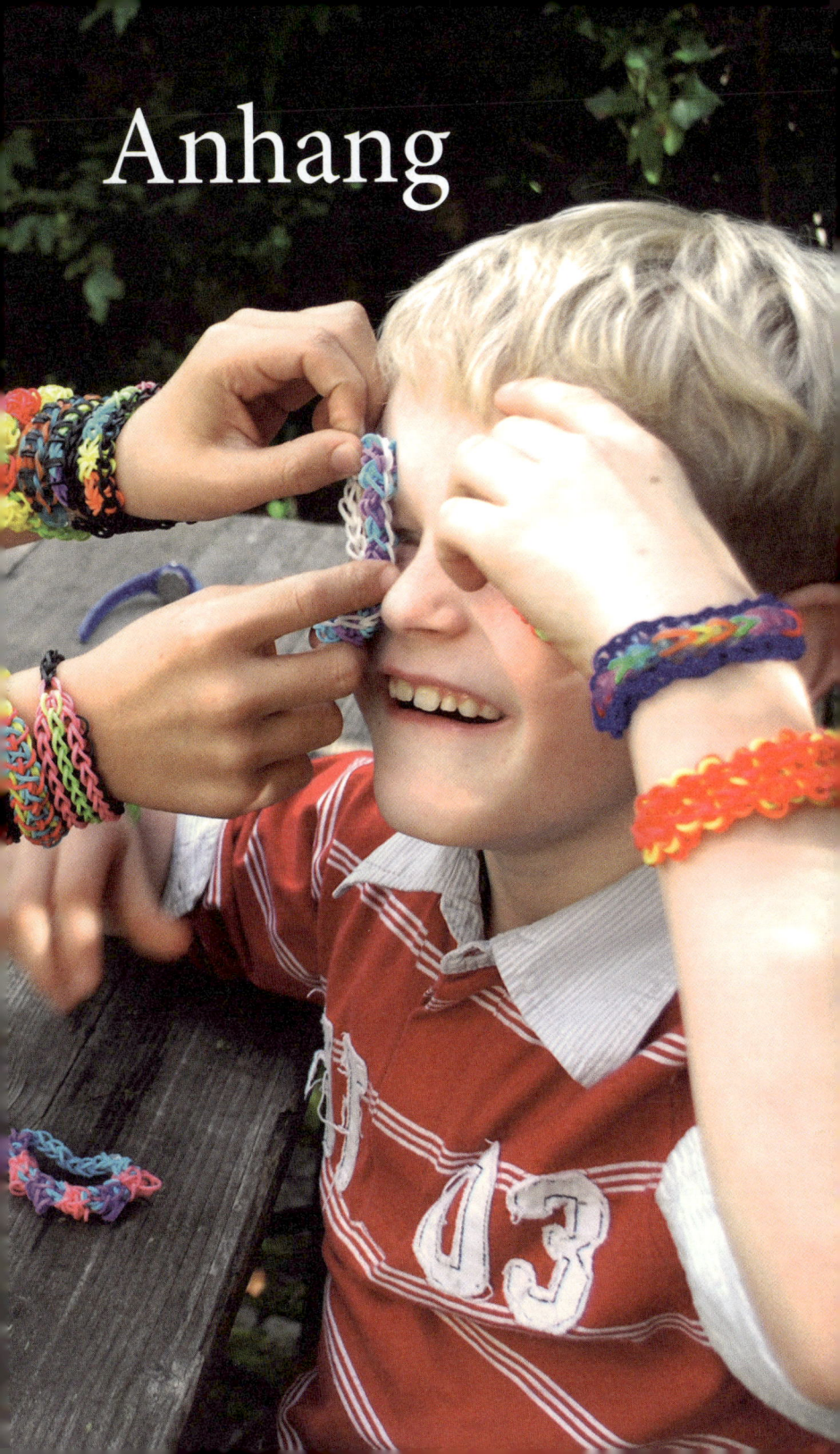

Loom-Konfigurationen

Nachfolgend werden die drei Konfigurationen erklärt, die in diesem Buch verwendet werden. Um die Konfiguration des Rainbow Loom zu ändern, müsst ihr mit dem Steckeinsatz-Öffner des Hakens die türkise Grundplatte vom Loom abheben. Wenn ihr den Loom wieder zusammenbaut, müsst ihr die Grundplatten fest auf den Loom drücken.

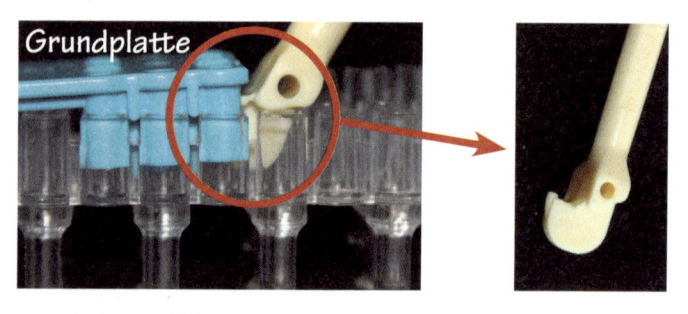

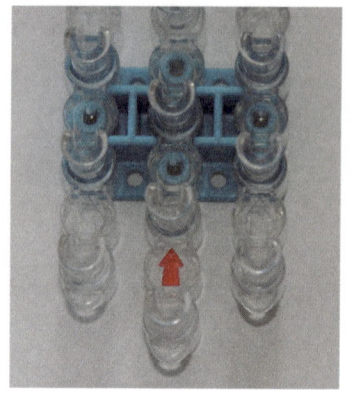

Versetzte Konfiguration

Standardmäßig wird der Rainbow Loom in der „versetzten" Konfiguration ausgeliefert (siehe Bild rechts). Wie ihr seht, ist die mittlere Stiftreihe zu den anderen äußeren Stiftreihen um einen halben Stift versetzt.

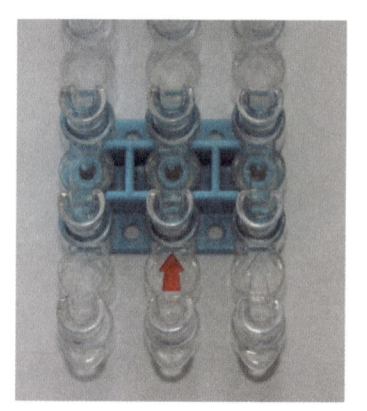

Rechteckige Konfiguration

Die „rechteckige" Konfiguration ist auch als „eckige" Konfiguration bekannt und rechts abgebildet. Ihr seht, dass alle Stiftreihen gleich sind.

Ende-an-Ende-Konfiguration

Die meisten Armband-Designs in diesem Buch müssen - sofern sie auf einem Loom gemacht werden - verlängert werden, um bequem um das Handgelenk eines Erwachsenen zu passen. Für ein langes Armband, das optimal für jedes Handgelenk passt, können zwei Rainbow Looms in einer „Ende-an-Ende"-Konfiguration zusammengesetzt werden. Die Größe eures Armbands richtet sich nach den verwendeten Stiften.

Die Angaben unten dienen als grobe Richtlinien:

13 Stifte auf dem Loom = 4 Inches oder ~ 10 cm Armband
20 Stifte auf dem Loom = 6 Inches oder ~ 15 cm Armband
26 Stifte auf dem Loom = 8 Inches oder ~ 20 cm Armband

In diesem Beispiel zeigen wir euch, wir ihr zwei Looms in der „Ende-an-Ende"- und „versetzten" Konfiguration zusammensetzen könnt. Die Schritte für eine „Ende-an-Ende"- bzw. „rechteckige" Konfiguration sind grundsätzlich die gleichen.

Schritt 1: Dreht zwei Looms um und legt sie nebeneinander vor euch hin. Die Pfeile sollen dabei in dieselbe Richtung zeigen.

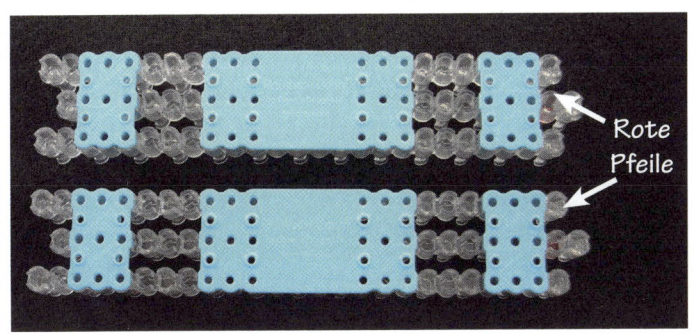

Schritt 2: Hebt mit dem Grundplatten-Tool am Ende des Hakens eine kleine Grundplatte von einem Loom und eine kleine sowie eine große Grundplatte vom anderen Loom ab, wie unten dargestellt. Legt diese Grundplatten zur Seite.

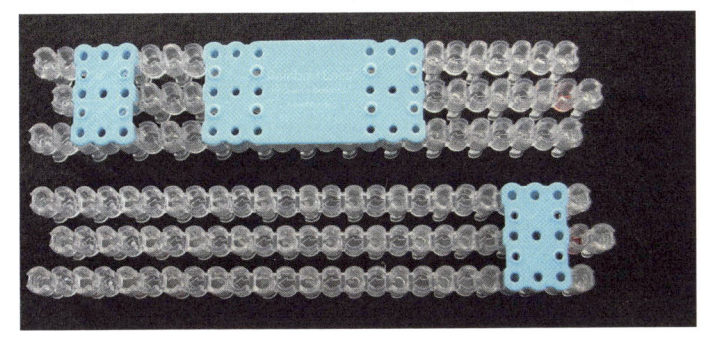

Schritt 4: Legt die Looms hintereinander, ein Ende an das andere, mit einem kleinen Abstand dazwischen.

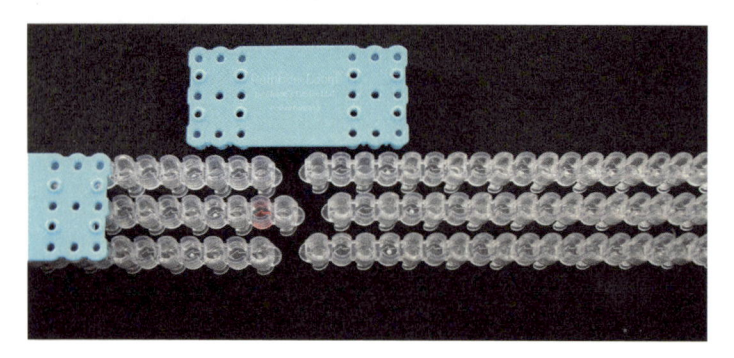

Schritt 5: Legt die große Grundplatte über diesen Abstand zwischen den beiden Looms, richtet sie aus und drückt sie fest.

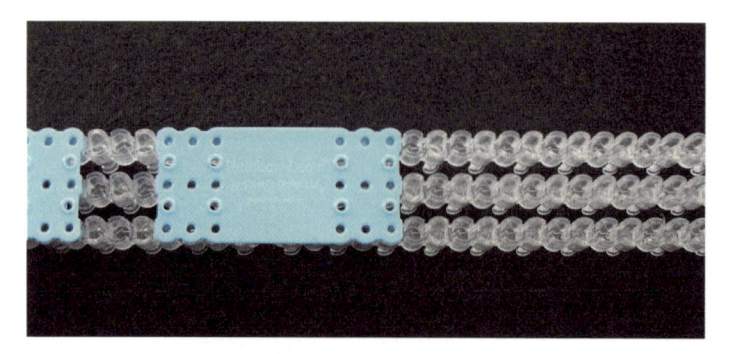

Schritt 6: Legt die beiden kleinen Grundplatten auf den zweiten Loom, ca. 3 bis 4 Löcher voneinander entfernt, und drückt sie fest.

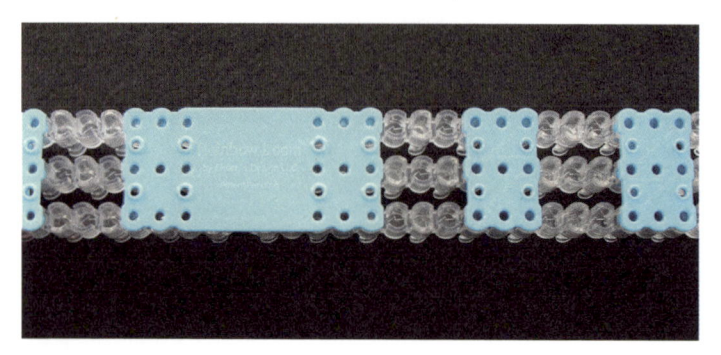

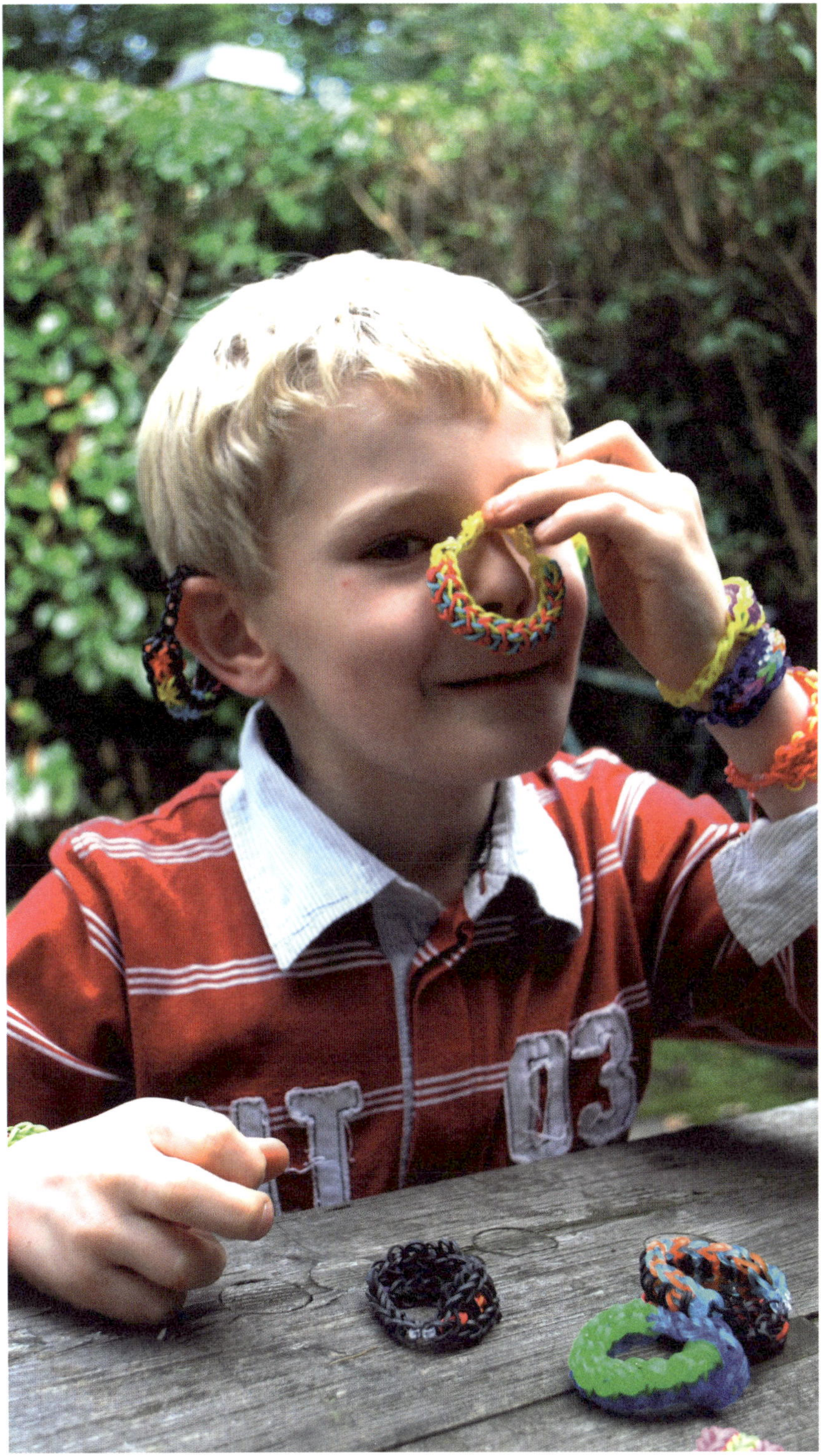
03

Leere Designvorlagen

Bei der Erstellung der Anleitungen für dieses Buch habe ich leere Designvorlagen verwendet. Nun seid ihr dran! Hier sind einige leere Vorlagen, damit ihr eure eigenen Kreationen designen könnt!

Wenn ihr möchtet, könnt ihr die Vorlagen kopieren, aber bitte kopiert nicht die Anleitungen in diesem Buch.

Viel Spaß beim Kreativsein!

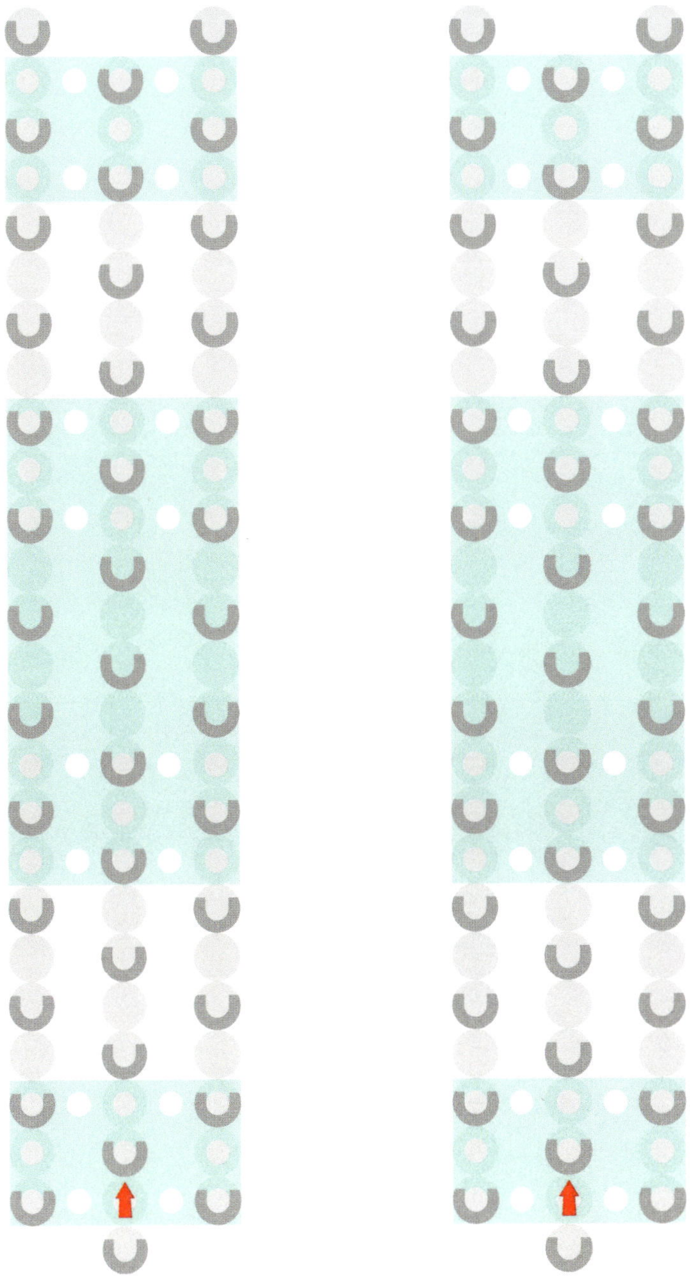

Versetzte Konfiguration

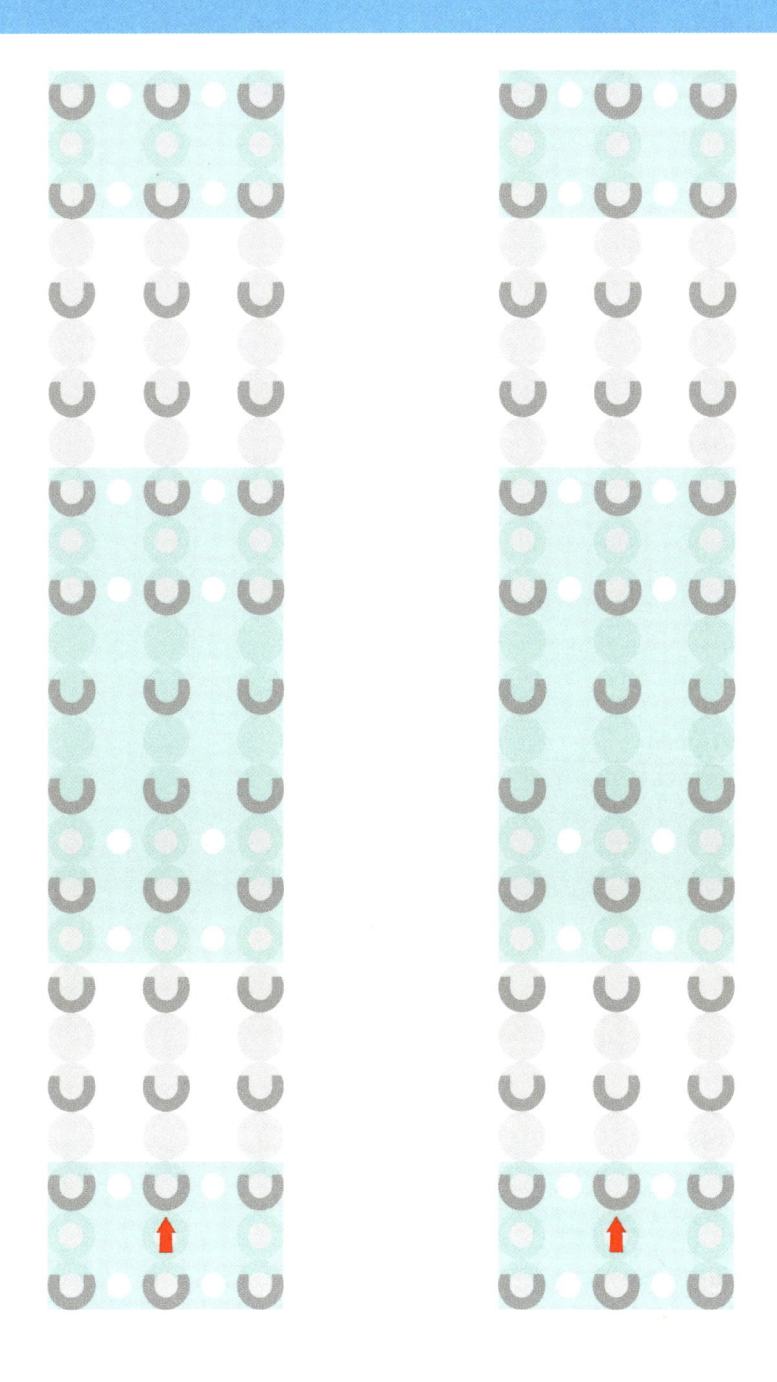

Danksagung

Design-Einreichungen
Ally Aufman, Wexford, PA
Fen Chan, Novi, MI
Kylee Crawford, Reno, NV Learning Express
Maddie Grasso, Cumming, GA
Lori LaRosa, Marlton, NJ of LL Beads4U
Lyndsey West, Reno, NV Learning Express
Danielle Wilhelm, Sylvania, OH Learning Express

Grafiken & Fotos
Logan Peterson, Reno, NV
Wade Peterson, Reno, NV
Helge Wittkopp

Website
Carol Villar, Reno, NV

Druck
Das Team von DynaGraphics, Reno, NV
Das Team von Carter Printing, Richmond, VA

Unterstützung
Kylee Crawford, Reno, NV
Jan Fowler, Redmond, WA
Celine Kirchman, Reno, NV
Carter Peterson, Reno, NV

Unseren Eltern Clare Peterson, Hal & Judy Martin und Nancy Martin

Wir möchten auch dem Team von Learning Express Toys aus Reno, NV, für seine Unterstützung danken!

Inspiration
Colleen Hendon, Roseville, CA, und ihr Vater, Bob Clifford, „Folge deinem Glück"
Linda Kranz, Flagstaff, AZ, „Finde deine Leidenschaft. Tu, was du liebst!"
David Horvath und Sun-Min Kim

Wenn ihr mehr über die Autorin Suzanne M. Peterson und über die Entstehung des großen Loom-Buchs erfahren möchtet, dann besucht unsere Webseite www.heel-verlag.de/Rainbow+Loom.htm oder nutzt den QR-Code.